中国民航运输业市场化改革绩效的实证研究
—— 基于上市航空公司的数据

An Empirical Research on the Market Reform Performance in Chinese Civil Aviation Transportation Industry—Based on the Data of Listed Airlines

江秀辉 著

经济管理出版社

图书在版编目（CIP）数据

中国民航运输业市场化改革绩效的实证研究：基于上市航空公司的数据/江秀辉著. —北京：经济管理出版社，2015.3
ISBN 978-7-5096-3481-3

Ⅰ.①中… Ⅱ.①江… Ⅲ.①民航运输—运输市场—市场改革—研究—中国 Ⅳ.①F562.6

中国版本图书馆 CIP 数据核字（2014）第 266138 号

组稿编辑：申桂萍
责任编辑：张　达
责任印制：黄章平
责任校对：陈　颖

出版发行：经济管理出版社
（北京市海淀区北蜂窝8号中雅大厦A座11层　100038）

网　　址：www.E-mp.com.cn
电　　话：(010) 51915602
印　　刷：北京京华虎彩印刷有限公司
经　　销：新华书店
开　　本：720mm×1000mm/16
印　　张：13
字　　数：192 千字
版　　次：2015 年 3 月第 1 版　2015 年 3 月第 1 次印刷
书　　号：ISBN 978-7-5096-3481-3
定　　价：49.00 元

·版权所有　翻印必究·
凡购本社图书，如有印装错误，由本社读者服务部负责调换。
联系地址：北京阜外月坛北小街2号
电话：(010) 68022974　邮编：100836

前　言

目前，民航运输业已成为中国整个交通运输体系的重要组成部分。近几十年以来，民航运输产业的增长速度大大超过 GDP 的增长速度，在国民经济运行中的作用越来越重要。但是目前中国的民航运输产业仍然属于朝阳产业，民航运输产业的增长是在原来的体制下进行扩大再生产的结果，其发展的速度虽然比较快，但是尚未完全进入稳定期。因此，在未来的几十年里，中国的民航运输产业仍然存在广阔的发展空间和巨大的潜力。时至今日，距离2002 年的民航运输业市场化改革已经将近十年，市场结构、市场行为和市场绩效如何，改革对民航运输业和民航公司效益的促进作用有多大，中国民航运输业市场化改革的效果如何，这些问题的答案是民航运输业继续深化改革的关键。从实践方面看，随着民航运输业市场化改革的逐步推进，对民航运输业的认识和看法引起学术界和政策层面的广泛关注。改革绩效的判断已成为正确评价民航运输业改革绩效的关键环节，直接关系到继续深化改革的路径选择。民航运输业市场化改革是否实现了预期的效果，超过或背离改革目标的程度如何，正是本书关注的问题，这些问题的回答对于民航运输业市场化绩效的评价和继续深化改革具有重要的现实意义。

本书共包括八个部分。第一部分为本书的研究背景与意义，在对国内外相关文献进行梳理和评价的基础上，提出本书的分析框架与研究内容，并详细地指出本书的研究方法、技术路线以及创新点。第二部分介绍涉及的概念和相关理论，包括三个方面的内容：一是民航运输业概述；二是自然垄断产业的规制理论；三是民航运输业的自然垄断、竞争与政府规制。第三部分以民航业市场化改革历程为基础，从监管体制改革、竞争引入、产权重组及公司治理调整四个方面分析了民航运输业市场化改革的内容，并分别研究民航运输业市场结构和市场行为的变迁。第四部分以民航运输业市场化改革目标为导向，在民航运输业改革绩效评价体系的设计原则和设计方法的基础上，构建民航运输业改革绩效的评价体系。第五部分使用双重差分模型，以民航公司的微观数据为基础，对民航运输业基于机票价格的市场化改革绩效进行实证研究。第六部分使用双重差分模型，以民航公司的微观数据为基础，分别从总周转量、旅客运输量、货邮载运量和飞行里程四个方面对民航运输业基于服务总量的市场化改革绩效进行实证研究。第七部分使用双重差分模型，以民航公司的微观数据为基础，分别从资源配置效率（利润率）、技术进步效率（全要素生产率）和生产效率（劳动者人数和机队规模）三个方面、四个指标对民航运输业基于市场绩效的市场化改革绩效进行实证研究。第八部分为研究结论与展望。

本书以上述研究为基础，得到如下几个研究结论，即本书的创新点：

第一，民航运输业市场化改革分析的相关结论。中国民航运输业以监管体制改革、竞争引入和规范、产权重组以及公司治理调整等方面内容为核心的市场化改革的目标在于：形成合理票价、增加民航供给和提高市场绩效。2002年的民航运输业市场化改革不仅造成了以市场集中度和进入壁垒为代表的市场结构的变迁，还导致了价格行为、企业组织调节行为、服务竞争以及新技术竞争等市场行为的变迁。这些市场结构和市场行为的变化，无疑都会带来民航运输业市场化改革绩效的改变。

第二，民航运输业市场化改革绩效评价体系的构建。在航空公司的微观研究视角下，遵循民航运输业的市场化改革绩效评价体系的设计原则，以形成合理票价、增加民航供给、改善市场绩效的民航运输业市场化改革目标为导向，根据产业组织理论的产业绩效评价理论，从机票价格、服务总量和市场绩效三个维度构建了民航运输业市场化改革绩效评价体系。

第三，中国民航运输业市场化改革绩效的实证检验。其一，对民航运输业基于机票价格进行的双重差分检验表明，2002年的民航运输业市场化改革虽然使机票价格有所下降，但并没有带来机票价格的实质性下调。其二，对民航运输业基于服务总量进行的双重差分检验表明，2002年的民航运输业市场化改革使得总周转量、旅客运输量、货邮载运量和飞行里程都得到了显著提高，并具有1~3年的政策时效性。这说明此次改革确实在很大程度上提高了民航运输业的服务总量。其三，对民航运输业基于市场绩效的市场化改革绩效进行的双重差分检验表明，民航运输业市场化改革显著地提高了资源配置效率、技术进步效率和生产效率。

以改革绩效的检验和判断为研究对象，对民航运输业的改革绩效进行了实证研究，从而判断民航运输业市场化改革是否达到了预期效果，超过或背离改革目标的程度如何，这不但可以为全面评价中国民航运输业市场化改革绩效提供一定的实证依据，还可为其他自然垄断产业改革绩效的评价提供新观念和新方法的借鉴。

目 录

第一章 绪论 …………………………………………………… 1
第一节 研究背景 ………………………………………… 2
第二节 研究意义 ………………………………………… 5
第三节 国内外研究现状评述 …………………………… 6
第四节 结构安排 ………………………………………… 17
第五节 研究方法 ………………………………………… 20

第二章 民航运输业改革绩效研究的理论基础 …………… 23
第一节 民航运输业概述 ………………………………… 23
第二节 自然垄断产业的规制理论 ……………………… 32
第三节 民航运输业的自然垄断、竞争与政府规制 …… 43

第三章 民航运输业的市场化改革实践 …………………… 49
第一节 民航运输业市场化改革的历程和内容 ………… 49
第二节 民航运输业市场化改革的原因及目标 ………… 57
第三节 民航运输业市场结构的变迁 …………………… 61
第四节 民航运输业市场行为的变迁 …………………… 76

第四章　民航运输业市场化改革绩效评价体系的构建 …… 83

第一节　市场化改革绩效的界定 …………………………… 83
第二节　民航运输业市场化改革绩效评价体系的评价目的
　　　　与设计原则 …………………………………………… 85
第三节　民航运输业市场化改革绩效的评价标准 ………… 88
第四节　民航运输业市场化改革绩效的评价体系 ………… 93
第五节　民航运输业市场化改革绩效的评价方法 ………… 95

第五章　民航运输业改革绩效的实证分析：机票价格 …… 99

第一节　检验模型的设定 …………………………………… 99
第二节　样本的选取与数据描述 …………………………… 105
第三节　实证检验结果与分析 ……………………………… 107
第四节　稳健性检验 ………………………………………… 110

第六章　民航运输业改革绩效的实证分析：服务总量 …… 113

第一节　模型设定与变量定义 ……………………………… 113
第二节　样本的选取与数据描述 …………………………… 115
第三节　实证检验结果与分析 ……………………………… 119
第四节　稳健性检验 ………………………………………… 138

第七章　民航运输业改革绩效的实证分析：市场绩效 …… 143

第一节　民航运输业基于资源配置效率的改革绩效的实证分析 …… 143
第二节　民航运输业基于技术进步效率的改革绩效的实证分析 …… 152
第三节　民航运输业基于生产效率的改革绩效的实证分析 ……… 159

第八章　研究结论与展望 …… 173

第一节　研究结论 …… 174
第二节　创新点 …… 176
第三节　研究不足与未来展望 …… 177

参考文献 …… 179

第一章 绪论

目前,民航运输业已成为中国整个交通运输体系的重要组成部分。但是,中国的民航运输产业仍然属于朝阳产业,民航运输产业的增长是在原来的体制下进行扩大再生产的结果,其发展的速度虽然比较快,但是尚未完全进入稳定期。因此,在未来的几十年里,中国的民航运输产业仍然存在广阔的发展空间和巨大的潜力。时至今日,距离上次改革已经将近十年,目前的市场结构、市场行为和市场绩效如何,改革对民航运输业和民航公司效益的促进作用有多大,中国民航运输业市场化改革的效果究竟如何,这些问题的答案是今后民航运输业推进市场化改革的关键。随着民航运输业市场化改革的逐渐推进,对民航运输业的认识和看法引起学术界和政策层面的广泛关注。改革绩效的判断已成为正确评价民航运输业改革绩效的关键环节,直接关系到继续深化改革的路径选择。民航运输业市场化改革是否实现了预期的效果,超过或背离改革目标的程度如何,就这些问题的回答对民航运输业市场化绩效的评价和继续深化改革具有重要的现实意义。本章首先介绍了研究背景、研究意义;其次综述了国内外关于民航运输业市场化改革和市场化改革绩效的研究动态,并做简单评述;最后介绍了研究内容和研究方法。

第一节 研究背景

一、世界范围内民航运输业市场化改革的浪潮

20世纪70年代以后，以美国、英国、日本等主要发达国家为中心，西方国家开始对自然垄断产业实行以引入民间资本、建立竞争机制、形成自然垄断产业市场化和民营化为核心的市场化改革，这场改革席卷了民航、电力、电信、铁路、天然气等过去由政府垄断经营或实行严格规制的基础产业。美国在这场运动中扮演着先驱者的角色，民航运输业的市场化改革是这场运动的开端。20世纪70年代以前，航空运输服务业作为涉及国家主权与国防安全问题的传统自然垄断产业，世界各国的政府都对其进行了严格的政府规制。严格的政府规制严重制约了民航运输业的发展，主要表现在：微观层面的企业缺乏活力，效益差和竞争力低下；中观层面的产业绩效差和资源配置不合理；宏观层面的消费者福利和社会整体福利水平的削弱等。20世纪70年代之后，自然垄断的企业边界在社会经济和技术不断进步的情况下日益减小，原因在于：其一，经济的增长提高了公众的收入，进而促进了需求的增长；其二，信息技术等高科技为核心的技术创新大幅度扩张了企业的生产规模和能力。而自然垄断边界的缩小又削弱了通过规制维持自然垄断的依据。此时，航空运输业的市场化改革迫在眉睫。

二、新自由主义思潮的盛行和政治化

20世纪70年代，特别是1974~1975年的经济危机，意味着西方国家经济的高速增长被"滞胀"所取代。其表现一方面在于宏观经济的增长速度迅

速下降、经济危机频繁、严重的失业和通货膨胀同时存在、财政赤字大幅度上升以及国际贸易和金融领域极度混乱；另一方面在于微观企业生产率涨幅的显著降低和利润率的大幅下降。此时，以哈耶克为代表的伦敦学派、以弗里德曼为代表的货币主义学派、以卢卡斯为代表的理性预期学派、以布坎南为代表的公共选择学派以及以拉弗和费尔德斯坦为代表的供给学派等新自由主义思想迅速崛起。他们针对凯恩斯主义的理论缺陷和处理经济危机的无力，提出以私有化、自由化、市场化为核心的经济理论和政策主张，这就形成一股强大的新自由主义思潮，并在欧美国家占据上风，国家干预主义的思想遭到抛弃。1979年撒切尔夫人与1980年罗纳德·里根的当选被认为是新自由主义支配地位的官方标志，1990年"华盛顿共识"的提出，标志着新自由主义经济理论的政治化。

三、民航运输业市场化改革理论的诞生和发展

斯蒂格勒作为政府规制经济学的先驱，对受管制和不受管制的供电企业进行了比较研究，研究结果表明管制并没有达到其预期效果。20世纪70年代，肯恩对航空界进行了认真的调查和研究，提出主要包括航空自由化、开放天空和放松管制的国际航空运输自由化理论，他认为不应该将民航运输业视为公共事业，市场调节应该取代政府管制。因而，首先要放开价格，通过价格进行航空运输资源的配置，其次要逐步放松民航运输市场的准入限制，再次进行市场化的航线分配，最终通过市场实现航空运输业的不断发展。国际航空运输自由化理论的提出和实践，促进了美国民航运输业的快速发展，并对世界范围内的自然垄断产业进行市场化改革，尤其是国际航空运输业，起到了极大的示范和促进作用。之后，鲍莫尔等人又于20世纪70年代后期提出了"可竞争性"市场理论。可竞争理论从理论上证明了传统垄断产业存在潜在竞争，从而否定了必须借助政府的"有形之手"严格干预传统自然垄断产业的传统观点，为市场机制发挥重要作用找到了理由。但是，竞争理论

一方面从理论上促进了20世纪80年代以来产业组织理论和产业政策的研究发展,另一方面导致和推动了以航空运输业为代表的自然垄断产业的市场化改革。维斯库斯和佛农采用实证方法对反垄断和政府管制理论的适用性进行了论证,客观地剖析了各产业放松管制的效果,并对航空运输业制和放松管制的经验教训进行了总结。植草益则在对规制的产生原因、含义、类型进行研究的同时,还揭示70年代以来各主要国家经济改革的主要动向在于放松管制并对时间和效果进行了实证检验。Nancy L. Rose和Severin Borenstein作为民航规制理论的最新代表,以回顾美国航空业放松管制的历程为基础,以民航运输业全面、彻底的自由化改革为核心,提出了根本性的改革策略。

四、中国民航运输业市场化改革需求的继续深化

中国民航成立于1949年,经过几十年的发展,中国民航业经历了一个从军事化到市场化的过程。综观中国民航业市场化改革的历程,大概可以分为高度集中的民航规制阶段(1949~1979年)、领导体制改革和企业化阶段(1980~1986年)、政企分开和独立经营机构构建阶段(1987~1996年)、民航业进一步市场化的改革阶段(1997~2002年)、全面的市场化改革阶段(2002年至今)五个阶段。目前,民航运输业已成为中国整个交通运输体系的重要组成部分。近几十年以来,民航运输产业的增长速度大大超过GDP的增长速度,在国民经济运行中的作用越来越重要。但中国的民航运输产业仍然属于朝阳产业,民航运输产业的增长是在原来的体制下进行扩大再生产的结果。随着中国民航运输业的快速发展,学术界对民航运输产业市场化改革的研究也逐渐升温,不少学者从理论和实证角度探讨中国民航产业的市场化改革。时至今日,距离上次改革已近十年,市场结构、市场行为和市场绩效如何,改革对民航运输业和民航公司效益的促进作用有多大,中国民航运输业市场化改革的效果究竟如何,这些问题的答案是民航运输业继续深化改革的关键。

第二节 研究意义

对中国民航运输业市场化改革绩效进行实证检验,衡量民航运输业的市场化改革绩效,市场结构和市场行为发生哪些变化,民航运输业的效率怎样,民航公司的效率是否得以提高,究竟哪些因素影响了改革绩效,并在此基础上探究继续深化民航运输业市场化改革的对策。无论在理论研究还是政策实践方面,都具有相当重要的意义。

从理论研究方面看,改革绩效评价是市场化改革研究中的一个前沿问题,对于一项改革政策的制订与执行而言,关键是要对其有效性进行评价,这样才能为改革政策的修正和完善提供依据。而迄今为止,民航运输业的改革绩效研究仍然没有得到足够的重视。已有的研究要么关注的是整个民航运输业市场结构、市场行为或市场绩效的状况,要么是民航公司如何应对民航运输业的市场化改革,即民航运输业产业政策选择,而缺少对民航运输业改革绩效的系统的、深入的研究。因此,使用双重差分模型,从服务总量、机票价格和市场绩效三个方面对民航运输业的市场化改革绩效进行实证研究,不仅丰富了改革绩效评价理论,还对其他产业的改革研究具有一定的借鉴意义。

从实践方面看,随着民航运输业市场化改革的逐渐推进,对民航运输业的认识和看法引起学术界和政策层面的广泛关注。改革绩效的判断已成为正确评价民航运输业改革绩效的关键环节,直接关系到深化改革的路径选择。而如何测度民航运输业市场化改革的绩效,民航运输业市场化改革是否实现了预期的效果,超过或背离改革目标的程度如何,正是被关注的问题,这些问题的回答对于民航运输业市场化绩效的评价和继续深化改革具有重要的现实意义。

第三节 国内外研究现状评述

一、民航运输业市场化改革研究综述

20世纪70年代末以来，实行市场经济的各国，尤其是发达国家掀起了对自然垄断产业以自由化与私有化为核心的市场化改革浪潮。民航运输业的政府规制虽然晚于铁路业和电信业，但其放松规制的市场化改革早于后者。民航运输业市场化改革从一开始就引起了理论界和社会实践中的争议。

（一）民航运输业产业属性的研究

国外学者一直就民航运输业是否拥有规模经济进行争辩。Caves（1962，1984）、Crane（1944）、Douglas 和 Miller（1974）、Jordan（1970）、Koontz（1951）、Levine（1965）、Murphy（1969）、Proctor 和 Duncan（1954）、Straszheim（1969）以及 White（1979）等人对放松规制前的民航业进行的实证检验表明，民航业并不存在显著的规模经济。Antoniou（1991）、Even Kahn（1988）和 Viton（1986）对市场化改革后的民航业进行的实证检验表明：民航业拥有显著的规模经济。此外，Micheal Creel 和 Montserrat Farell（2001）在对市场化改革后美国民航业的成本结构进行研究时，发现规模经济存在于航空公司的中等产出水平，此时如果产出继续提高，规模经济就会消失。

跟国外的研究一样，国内学者也没有就民航运输业规模经济的存在与否达成共识。潘元生（2002）、周江军（2003）认为，"中国航空运输市场的垄断是行业主管部门和垄断企业'合谋'而形成的行政垄断。"邓戬（2003）

认为,"中国航空市场的垄断在很大程度上是由于产业内在特征所导致的自然垄断,所以一定程度的垄断能够带来更高的经济绩效"。秦占欣(2004)提出,"对航空运输业的自然垄断性的认识是基于其具有以下经济技术特征:一是投资巨大,进入和退出成本很高;二是航空运输企业在规模经济、范围经济和网络经济的作用下,进行大规模生产具有明显的成本优势和市场优势"。杨春妮(2005)的研究结果表明,"中国民航业不存在稳定的规模经济"。于良春、姚丽(2006)以及李冠楠(2008)也都认为,我国民航运输企业普遍缺乏规模经济。此外,周娜(2010)从航空业务属性的视角出发,选取其中具有代表性的三大业务——空中管理业务、机场业务和航空运输服务业务,进行具体的垄断性特征分析。

实证研究结果的差异主要源于研究样本的不同,航空公司是否拥有规模经济与政府的市场化改革政策有着密切的联系。由于研究者对自然垄断性质的判断是以民航运输业不同的经济技术特征为依据的,而这些特征又是动态的,所以,自然垄断的性质也是变动的。但总体上看,自然垄断的边界在不断缩小的同时,强度也在不断减弱。

(二)民航运输业市场结构的研究

国外学者在航空产业市场结构研究方面的争议主要存在是否应该将规制政策的作用进行内生化。主张规制政策外生化的研究包括:Nero(1996)、Dresner 和 Tretheway(1992)认为,"由于规制使得航空公司采取最大化联合利益的策略,所以放松规制使得航空公司的行为从联合垄断向非合作寡头过渡";Youdi Schipper 等(2003)将放松规制作为外生变量,分析了对航空公司进行放松规制所产生的市场内部影响;Nicole Adler 和 Boaz Golany(2001)认为"放松规制导致了航空业枢纽——轮辐式航线网络的形成";Kenneth Button(2003)和 Richard H. K. Vietor(1990)认为,应该把规制政策进行内生化;Kenneth Button(2003)认为,"自由化市场结构不稳定的定期航线网络结构的航空产业存在内生特征";Richard H. K. Vietor(1990)认为,"规制和竞争之间存在天然的、动态的相互作用和影响"。

国内学者则是在民航运输业市场结构的判断方面存在争议。马莉（2004）认为："中国航空运输业属于在政府规制基础上的寡头型结构的结论，而重组将有利于产业集中度提高和垄断性加强。"堪夏（2004）认为："我国民航业的市场结构是一个在政府行政力量推动下而非市场力量作用下形成的极高寡占型、低差别化、高进退壁垒的市场结构。"李冠楠（2008）对我国民航运输业市场结构特征进行了定性和定量分析，结果表明："我国民航运输业属于集中度高、规模差异小的行业，企业普遍缺乏规模经济，整个行业处于国航、东航、南航三大寡头垄断的状态。"白杨（2006）认为："中国航空运输业从宏观上分析具有寡头垄断的市场结构特点，从航线运营的角度分析却具有垄断竞争的市场结构。"钱春芳、唐要家（2010）则基于SCP分析框架，通过主成分分析法对民航业的市场竞争度进行了测算。研究结果表明："中国民航业市场竞争度一直处于低水平状态，民航体制改革后虽有所好转，但大致呈迂回型缓慢上升趋势。"此外，部分学者认为我国民航运输业是垄断与竞争并存的市场结构。杨秀云、冯根福（2004）认为："我国民航业已经形成了与经典寡头垄断市场结构不同的寡头垄断的市场结构。"国内学者对民航运输业市场结构判断的争议，一方面是由于政府对民航运输业的管制还比较多，企业仍然不是真正的市场主体，企业之间的竞争仍然不充分；另一方面是由于不同的实证研究所依据的数据统计口径的差异。有的学者把同一集团下的不同航空公司作为同一市场主体，而有的学者则把各航空公司作为不同的市场主体，这必然导致他们在集中度和市场结构判断方面研究结论的不同。

（三）民航运输业价格改革的研究

国外学者对民航价格改革的研究成果还不十分完善，相关成果主要有：Morrison 和 Winston 将美国 20 世纪 90 年代的民航运输业的价格战归因于放松规制后的市场波动；Hendricks 等人（1997）则认为"价格规制将阻碍中心枢纽航线系统的形成"；Quiggin（1997）介绍了澳大利亚航空产业的规制改革，并分析了价格变动对乘客、服务质量和运行成本的影响，他的研究主要涉及规制改革在很多方面的影响问题；而 Morrison 和 Winston（2001）研究了规制改革后竞争和票价的关系，得出的结论是飞机票价的上涨和市场集中度的提高是同向变化的；Evans（1993）根据美国数据分析得出："一条航线从三家航空公司运营到两家运营，平均价格会上升1.4%，而从两家变为一家垄断运营，平均价格会上升3.4%。"

国内学者依据不同的理论与实证方法，从不同角度对民航的价格改革进行了广泛的研究，研究成果呈明显的多元化态势。马源平（2002）使用案例分析了航空公司竞相进行机票打折所引致的民航客运价格安排的变迁。孙华程、周蓓（2004）分析了我国民航企业机票的成本结构与价格机制。马莉（2004）则通过构建寡头垄断竞争模型对民航运输企业的定价策略进行了研究，结果表明：短期内民航运输企业之间是 Bertrand 价格竞争模型，而长期内民航运输企业是合作的，即合谋。王长坤（2005）从自然垄断理论发展的角度分析了民航运价改革问题。袁力、王培（2007）从价格的演变历程入手，对目前民航客运价格存在的问题及成因进行初步分析，并提出价格改革的思路。肖俊极、唐昕（2009）采用部分国内航班数据，构建多元回归模型，研究了民航票价的影响因素。白云飞、任旭（2009）运用可竞争市场理论分别对中国和美国的航空业规制改革进行了研究，并认为降低进入壁垒、增加行业的可竞争性是构建我国民航业运输价格约束机制的关键。周蓓（2010）从传统自然垄断产业规制改革的角度，对中国民航客运价格规制设计、民航客运定价规制改革、民航客运价格规制合同等问题进行了分析。

（四）民航运输业产业政策选择的研究

在经历体制变迁的背景下，中国民航业发展战略的相关理论探索主要体现于政府规制与放松规制的选择上。中国民航业产业政策选择方面的理论探索可分为以下两种类型：

一种是在对国外民航业改革的实践经验进行分析和总结的基础上,结合中国民航运输产业政策的具体实践,制定民航业的产业政策。张伟(1998)在对美国民航业管制和放松管制的历程进行详细分析的基础上,揭示了美国民航产业政策的演变及实践效果,并进一步提出了针对性的产业政策。江可申、李文绅(2000)在对美国放松规制前后市场竞争状态进行分析的基础上,针对我国民航运输业的现状,提出引入竞争的放松规制政策。周国锉(2003)借鉴英国航空运输业重组的实践经验,提出了以民航运输企业产权多元化为核心的产权机制和经营管理体制改革。肖兴志首先对美、英、日等国的规制改革模式进行了对比研究,并进而构建了我国自然垄断产业规制改革的基本模式。谢泗薪(2005)等人认为:"中国航空运输业寡头垄断的市场结构及航空运输在经济上的外部性是其受到规制的原因,并参照美国民航业放松规制的成功做法,论述了我国航空运输业走向放松规制的必然性。"苏延芳(2006)等人认为:"放松规制是美国形成'辐射中转'网络(HS网络)的大背景。随着中国航空运输业的规制变迁,在票价控制、航线分配和市场进入等方面若相得益彰,将会形成高效的 HS 型网络布局。"总之,国内学者对美、英、日等国民航业放松政府规制的实践和规制管理进行的对比研究为中国民航运输业的市场化改革提供了宝贵的、丰富的、可借鉴的经验。

另一种是以中国民航业市场化改革效果的评价结果为基础,提出民航业产业政策的调整策略。曹建海(2002)认为,"应从放松政府管制、引导产业升级、改善公司治理、制定反垄断和公平竞争法规等方面提高民航生产效率"。路荣(2007)以管制的含义和管制的分类方法为基础,借鉴美国和英国的经验,提出了放松行业准入管制、放松价格管制、放松航线管制、放松航油和航材供给管制以及加强服务质量管制等改革措施。曹梓珞、陈松豪(2008)研究了民航业规制主体的行为、规制内容所存在的问题以及规制主体规制客体之间的关系,并得出中国民航业政府规制体制重建的相关政策性建议。曹锦周(2009)利用1986~2007年相关数据检验了规制重构变量和产权改制变量对我国民航绩效的影响,并在此基础上提出了提高我国民航业规制改革绩效的政策建议。陈惠（2010）采用数据包络分析方法对我国民航运输业的效率进行了实证分析，并在总结和借鉴国外民航运输业改革的基础上，从政府、行业组织和企业三个方面提出改善我国民航运输业效率的政策建议。

二、民航运输业市场化改革绩效研究综述

民航运输业的改革绩效关系到民航运输市场竞争环境的完善和民航运输业的有效运行、民航运输服务的优质高效，以及人民生活水平的提高。在民航运输业中引入市场机制，通过竞争、私有化和价格机制来进行资源配置，有利于进一步完善民航运输资源的配置和提高航空公司的生产效率。

（一）民航运输业改革绩效的判断

在改革绩效的国外文献中，大多学者认为民航运输业的政府规制会导致机票价格偏高和以供给过剩为核心的市场配置效率低下；相反，放松规制的市场化改革却可以提高航空公司的竞争力和民航运输业的市场绩效，并增进了社会福利。Levine（1965）认为，"放松规制可以增强航空运输服务业的生产率，降低票价水平"。De Vany、Arthur（1975）和 Graham（1983）认为，"规制导致了航空公司运力过剩"。Barney（1986）认为，"放松规制有利于民航运输企业网络结构的优化，缓解了设施拥挤，在干线市场降低了票价水平"。Poole（1999）认为："放松规制使航空公司的机型和服务模式上发生了深刻的变化，满足了顾客的需求，但机场、空管等基础设施没有发生革新。"Fred 等人（2007）认为，民航业"目前的部分放松规制的正面效应主要表现在航空运输需求大增，票价下降；为了有效地利用资源，航空公司调整了航线，更新了设备；放松规制效应以使航空运输服务更加大众化"。此外，还有一些国外学者持有截然相反的观点，Findlay（1985）、Borenstain（1992）和 Button（1996）以美国民航运输业放松规制后出现的相关问题的分析为基础，提出恢复部分规制的主张。Morrison 和 Winston（1989）认为，"产业集

中上升,市场进入壁垒高导致垄断势力抬头"。在世界民航运输业于2008年大幅度下滑的背景下,Demerjian(2008)认为,"放松规制并不能降低票价水平,也不能导致像Southwest和Jetblue这样的低成本航空公司产生"。

国内学者对中国航空运输业放松规制效果也是持肯定态度,主张通过引入竞争、放松规制来提高公司竞争力、产业绩效和社会福利。王萍、王靖(2008)证明,良好的政府规制提高了民航业的服务质量,降低了航空公司的垄断利润。曹锦周(2009)的计量研究结果表明,规制制度重构对业务总量有显著正作用,对机票价格无显著作用,对利润率有显著负作用,对经济效率有正作用但不显著;国有产权比率与业务总量有显著正相关,与机票价格有显著正相关,与利润率有显著正相关,与经济效率有正相关但不显著。王勇、姜洋(2009)的研究结果表明:1978年、1987年和2002年中国三次大规模民航市场化改革所引发的结构变迁系数分别达到0.28、0.13和0.8,这说明民航业市场化改革对民航运输业的发展起到了至关重要的作用。赵玮萍(2010)认为,放松管制能够显著地提高民航运输总量,显著地降低机票价格、民航运输企业的经营成本以及民航服务质量。

(二)民航运输业改革绩效的研究方法

民航运输业及其他自然垄断产业改革绩效的评价研究如表1-1所示。有关民航运输业改革绩效的研究方法大体可以分为三类:

第一类研究选取总量、价格、成本、服务质量、利润和行业竞争力等产业指标中的部分指标作为改革绩效的衡量标准,对民航运输业的改革绩效进行评价。这类研究最早源于Spiller(1983),他使用货币资产价格模型,从企业层面上检验了价格规制对航空公司股票价格的影响;他还运用客座率指标检验了不同市场结构下规制效果的差异。王萍、王靖(2008)采用时间序列模型,选用总量、服务质量和利润等指标对民航运输业的改革绩效进行了实证分析。陈学云(2009)选用总量、价格和行业竞争力等指标对航空运输业的改革绩效进行了实证研究。曹锦周(2009)针对产业组织理论(SCP框架）在转型期民航产业组织研究中存在的局限性，提出了转型期民航产业组织的 RPSCP 框架，从总量、价格以及利润等方面进行了实证检验。赵玮萍（2010）针对改革开放以来中国民航业的发展状况，选用总量、价格、成本以及服务质量等指标对民航业的改革绩效进行了实证检验。

第二类研究主要从投入与产出的角度，采用数据包络分析（DEA）方法评价民航运输业的改革绩效。这种方法实际是将数据包络分析方法在市场绩效的应用直接移植到改革绩效的分析中，是一种间接的改革绩效评价方法。Distexhe 和 Perelman（1994）的研究结果表明："20 世纪 80 年代平均的技术效率高于 20 世纪 70 年代，欧洲航空公司技术效率低于亚太和北美的航空公司，且技术进步是获得生产率增长的主要来源。"Good 等（1995）以美国八大航空公司和欧洲八大航空公司从 1976 到 1986 年的数据为基础，采用随机前沿方法和 DEA 方法，对其企业绩效进行了分析。结果表明："若放松规制后的欧洲航空公司具有和美国航空公司一样的生产效率，则欧洲航空工业每年将节省 400 亿美元（1986 年）的成本。"BIE（Bureau of Industry Economics，1994）也运用 DEA 方法分析了 30 个航空公司 1992 年的数据，用以测量其运营效率。王晓华（2007）使用 DEA 方法，选取了沪深股市的 6 大航空公司和 4 大机场对中国民航产业的规制改革进行了研究。陈惠（2010）综合运用西方经济学、产业经济学效率方面的相关理论，使用 DEA 法对中国民航运输业的产业效率进行了实证分析。

第三类研究主要以企业的微观数据为基础，使用双重差分的计量经济方法进行实证分析。目前，还没有研究将此方法运用到民航运输业中，只是在电力产业中存在较少的研究。Bushnell 和 Wolfram（2005）采用双重差分模型，针对美国公用事业电力公司分拆的市场化改革对发电厂燃料使用效率的影响进行了实证检验。Fabrizio、Rose 和 Wolfram（2006）分别检验了市场化改革对美国公用电力公司劳动、燃料和中间品等投入要素的作用。他们的研究发现："电力市场化改革显著地提高了发电企业劳动和中间品等投入要素的使用效率。"黄清（2009）使用双重差分模型对 2002 ~ 2005 年放松规制的政策效果进行了实证检验和研究。杜立民（2010）采用双重差分估计模型，以1995年和2004年的企业微观数据为基础，利用分析，估计了电力市场化改革对中国火力发电企业所用劳动、燃料和中间投入品三种投入要素的影响。

表1-1 民航运输业及其他自然垄断产业改革绩效的评价研究

作者	样本	评价指标	评价方法	借鉴模型
王萍、王靖（2008）	1987~2006年民航业	总量、服务质量和利润	基于行业指标的多元回归法	Spiller（1983）、Cubbin & Stern（2005）
曹珊（2011）	1990~2009年民航业	总量、成本、价格和服务质量	基于行业指标的多元回归法	Spiller（1953）、Cubbin & Stern（2004）
曹锦周、戴昌钧（2009）	1986~2007年民航业	总量、价格、利润和效率	基于行业指标的多元回归法	Spiller（1953）、Cubbin & Stern（2004）
赵玮萍（2010）	1985~2008年民航业	总量、价格水平、成本和服务质量	基于行业指标的多元回归法	
陈学云（2009）	1980~2007年民航业	总量、价格水平和产业竞争力	基于行业指标的多元回归法	
王晓华（2007）	2000~2005年民航业	航空公司：总营业收入、总周转量；机场：总营业收入、旅客吞吐量、货邮吞吐量	数据包络分析法（DEA）	
郑雪梅（2010）	1995~2006年民航业	旅客运输量、货物吞吐量、旅客周转量和货物周转量	数据包络分析法	

续表

作者	样本	评价指标	评价方法	借鉴模型
卢鹏（2007）	1978～2005年电信业	总量、价格、利润、效率和普遍服务	基于行业指标的多元回归法	Cubbin & Stern (2004)
吴菁（2010）	1990～2008年电信业	电信业发展水平、资费水平、效率水平和服务质量	基于行业指标的多元回归法、主成分分析法、数据包络分析法	Scott J. Wallsten
肖兴志、王靖（2008）	1978～2006年电信业	总量、价格、利润和普遍服务水平	基于行业指标的多元回归法	Scott J. Wallsten 肖兴志、孙阳（2006）
刘艳华、卢鹏（2008）	1978～2005年电信业	总量、价格水平、利润、效率和普遍服务	基于行业指标的多元回归法	Cubbin & Stern (2004)
初佳颖（2006）	1999～2004年电信业	效率、服务绩效和财务绩效	数据包络分析法	
杨秀玉（2009）	1993～2007年电信业	业务发展、企业效率、资费水平、技术效率和普遍服务	熵值法和主成分分析法	
崔健（2009）	1975～2006年电信业	投资、产出、效率、就业和网络规模	基于行业指标的多元回归法	
肖兴志、孙阳（2006）	1978～2005年电力产业	总量、价格水平、利润、效率和质量	基于行业指标的多元回归法	Cubbin & Stern (2004)

续表

作者	样本	评价指标	评价方法	借鉴模型
张亮（2009）	1980~2007年电力产业；1997~2007年46家发电企业	行业角度：总量、价格、效率（生产效率和投资效率）；企业角度：资产利润率、资产负债率	行业角度：基于行业指标的多元回归法；企业角度：基于企业指标的多元回归法	Cubbin&Stern（2004）Stigler&Friedland（1962）Ros（1999）Wallstne（2001）Bergara（1997）
于良春、杨淑云、于华阳（2006）	2001~2004年22家上市发电公司	总资产利润率和资产负债率	基于企业指标的多元回归法	
刘新梅、沈力、张凤茜（2011）	2001~2006年52家上市发电公司	全要素生产率	引入中介变量，研究放松规制对企业绩效的影响	
黄清（2009）	2002~2005年291家电厂	发电量、发电设备平均利用小时和发电设备容量	双重差分模型	
楼旭明、窦彩兰、汪贵浦（2006）	1981~2001年电力行业	发电设备平均利用小时、人均装机容量、人均发电量和人均净用电量	数据包络分析法	
马甜（2009）	1980~2007年发电业	发电总量和价格水平	基于行业指标的多元回归法	
李永来（2009）	2002~2007年电力行业39家上市公司	成本效率、规模效率、技术效率和资源配置效率	数据包络分析法	
杜立民（2010）	1995年、2004年发电企业	劳动、燃料投入和工业中间投入效率	双重差分模型	
白云飞、刘宁（2008）	1980~2005年铁路业	铁路旅客周转量、铁路货物周转量	数据包络分析法	

第四节 结构安排

一、研究内容

本书由八章组成：

第一章为绪论。指出研究背景和研究意义，在对国内外的研究现状进行梳理和评价的基础上，提出研究框架和研究内容，并交代研究方法、技术路线和创新点。

第二章为理论基础分析。此部分介绍本书涉及的概念和相关理论，包括三个方面的内容：一是民航运输业概述；二是自然垄断产业的规制理论；三是民航运输业的自然垄断、竞争与政府规制。

第三章为中国民航运输业市场化改革实践。在对民航运输业市场化改革的历程进行分析的基础上，从监管体制改革、竞争引入、产权重组以及公司治理调整四个方面详细分析中国民航运输业市场化改革的内容，并分别研究民航运输业市场结构和市场行为的变迁。

第四章为民航运输业市场化改革绩效评价体系构建。以民航运输业市场化改革目标为导向，在民航运输业改革绩效评价体系的设计原则和设计方法的基础上，从机票价格、服务总量和改革绩效三个维度构建民航运输业改革绩效的评价体系。

第五章为民航运输业基于机票价格的市场化改革绩效的实证研究。使用双重差分模型，以民航公司的微观数据为基础，对民航运输业基于机票价格的市场化改革绩效进行实证研究。

第六章为民航运输业基于服务总量的市场化改革绩效的实证研究。使用双重差分模型,以民航公司的微观数据为基础,分别从总周转量、旅客载运量、货邮载运量和飞行里程四个方面对民航运输业基于服务总量的市场化改革绩效进行实证研究。

第七章为民航运输业基于市场绩效的市场化改革绩效的实证研究。使用双重差分模型,以民航公司的微观数据为基础,分别从资源配置效率(利润率)、技术进步效率(全要素生产率)和生产效率(劳动者人数和机队规模)三个方面、四个指标对民航运输业基于市场绩效的市场化改革绩效进行实证研究。

第八章为研究结论与展望。根据计量经济模型的相关结果,得出民航运输业市场化改革绩效的相关结论,并指出创新点、研究不足和对未来研究的展望。

二、技术路线

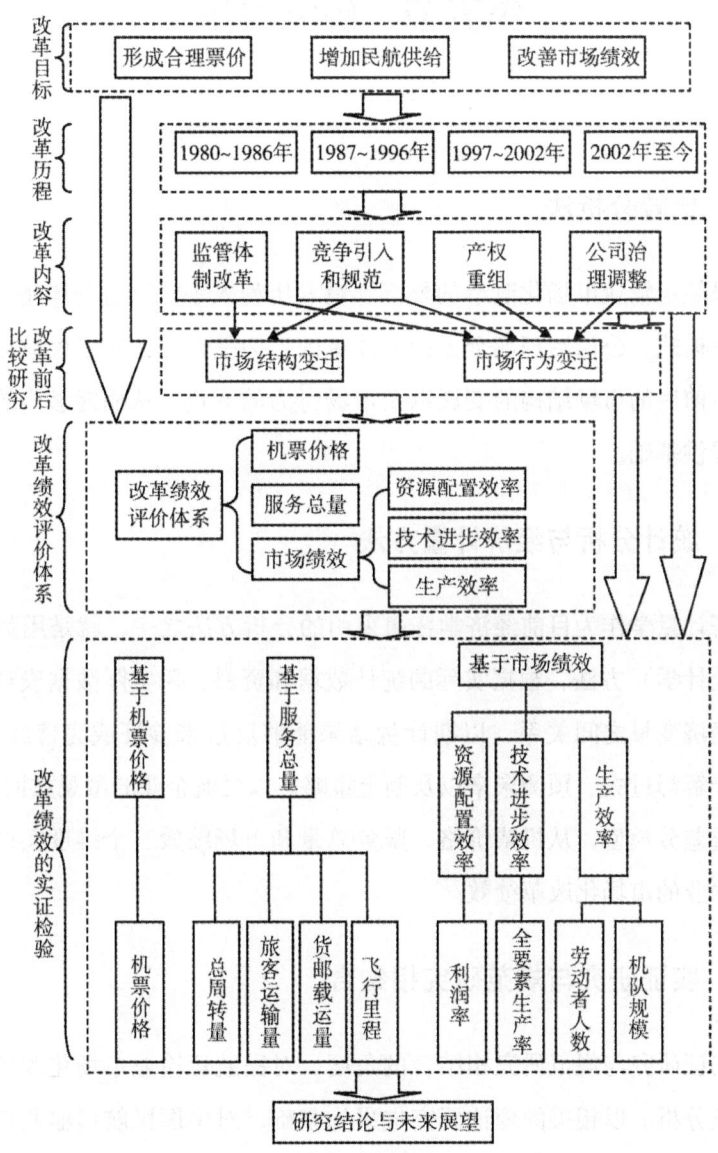

图1-1 技术路线

第五节　研究方法

一、比较分析法

从民航运输业市场化改革的外部环境和历程入手，以监管体制、竞争模式、产权模式、公司治理四个方面的改革内容为基础，比较了民航运输业市场化改革前后的市场结构的变迁以及市场行为的变化，从而能够为改革绩效的研究提供基础。

二、统计分析与经济计量方法

经济计量学作为目前经济学普遍采用的分析方法之一，就是用数学（包括数理统计学）方法，根据实际的统计数据和资料，用实际数据表达经济理论中各经济变量之间关系，以期计量结果能够反过来验证或完善经济理论，并进一步解释过去、预测未来以及制定策略。以民航企业的微观数据为基础，使用双重差分模型，从机票价格、服务总量和市场绩效三个维度实证检验了民航运输业的市场化改革绩效。

三、实证研究与规范研究相结合

从实证研究与规范研究相结合的角度，对民航运输业市场化改革绩效进行了实证分析。以相关的理论研究成果为基础，对中国民航运输业市场化改革进行了综述，从服务总量、机票价格和市场绩效三个方面对民航运输业的市场化改革绩效进行实证研究（"是什么"），在此基础上，提出民航运输业市场化改革基于绩效改进的民航运输业深化改革的建议（"应当是什么"）。

四、文献研究法

在对国内外相关的论文、专著以及研究报告等文献资料进行梳理、归纳、综合、比较、分析和总结的基础上，对中国民航运输业市场化改革历程、改革内容以及改革效果进行分析，并对其市场化改革绩效进行实证检验，结合实际得出基于绩效改进的民航运输业深化改革的政策建议。

第二章 民航运输业改革绩效研究的理论基础

中国的自然垄断产业市场化改革历经20余年，但是对市场化改革绩效的评价仍然处于起步阶段，尚未形成完整的理论体系和系统的评价方法。这主要是因为垄断产业市场化改革的过程过于复杂，涉及的经济社会因素比较多，而市场化改革又是近年才出现的。因此，系统地对自然垄断产业的市场化改革进行评价是一件非常困难的事情。此外，由于垄断产业的特殊性、时限性等其他诸多因素，评价主体（尤其是微观的企业）很难得到足够的数据，也增加了对自然垄断产业的市场化改革进行评价的难度。对于民航运输业而言，亦是如此。为了能够对相对困难的民航运输业市场化改革绩效的研究提供坚实的理论基础，本章介绍了涉及的概念和相关理论，包括三个方面的内容：一是民航运输业概述；二是自然垄断产业的规制理论；三是民航运输业的自然垄断、竞争与政府规制。

第一节 民航运输业概述

一、民航运输业的含义

民用航空，指使用各类航空器从事除了军事性质（包括国防、警察和海关等）以外的所有航空活动。此定义确定了民用航空作为航空的一部分的地位，同时，"使用"航空器界定了其与航空制造业的界限，"非军事性质"表明了它和军事航空的差异。民用航空主要包括商业航空和通用航空两大部分。其中，商业航空又称航空运输，是指使用航空器进行经营性旅客和货物运输业务的航空活动。而通用航空是指商业航空以外的民用航空的其他所有部分，包括农业航空、工业航空、航空科研和探险活动、飞行训练、航空体育运动、公务航空以及私人航空等。因此，通用航空的内容十分丰富，范围非常广泛。

本书所谓的"民航运输"是指商业航空，即由注册的航空公司以盈利为目的而使用航空器向公众提供客货运输的航空活动。此定义强调经营性和航空活动。经营性说明民航运输是以盈利为目的的商业活动；航空活动表明民航运输与铁路、公路、水路和管道运输一起，共同构成了国家的交通运输系统。虽然，民航运输在总周转量方面和其他运输方式相比，仍然比较少，但由于民航运输具有的快速、远距离运输的能力和高效益优势，使其在总产值方面的排名不断提高。而本书所谓的"民航运输业"，即民航运输产业，是指由从事商业性客货运输业务的航空公司组成的企业集合。

二、民航运输业的需求特征

根据需求原理，影响商品或服务需求的主要因素包括商品或服务的价格、消费者的收入水平、替代品的价格等。下面依次分析这些因素对民航运输业需求的影响。

第一，机票价格对民航运输需求的影响力不大。鉴于民航运输价格的复杂性，使用民航运输业运输吨千米收入表示机票价格水平，即机票价格 = 主营业务收入/总周转量。从表2-1可见：2001~2012年民航运输业的机票价格基本上在5元/吨千米上下波动，价格波动在2元/吨千米的范围内；而民航运输业的需求量（总周转量）持续迅速增长，从2001年的1411918万吨千米增长到2012年的6103200万吨千米。因此，相对于民航运输业需求量的快速增长，机票价格变化不大。这意味着民航运输业机票价格水平不是影响民航需求量的主要因素，原因在于机票价格是规制的，而非市场化的。

第二，居民收入的增长是民航运输需求量增加的主要因素。这里使用人均GDP表示居民收入，在表2-1中显而易见，2001~2012年民航运输业总周转量和人均GDP都翻了三番多，两者之间呈现明显的正向变动关系。因为，在机票价格基本不变的前提下，随着居民收入的大幅增长，带来了民航需求的增长。据统计，中国人均GDP每增加1元，民航客运量将增加8530人[①]。

表2-1 2001~2012年的机票价格、总周转量与人均GDP

年份	2001	2002	2003	2004	2005	2006
JPJG（元/吨千米）	5.50	5.08	4.82	5.11	5.13	5.32
ZZZL（万吨千米）	1411918	1649267	1707946	2309985	2612724	3057979
人均GDP（元）	8622	9398	10542	12336	14053	16165
年份	2007	2008	2009	2010	2011	2012
JPJG（元/吨千米）	5.52	5.37	4.74	5.34	5.83	5.99
ZZZL（万吨千米）	3652993	3767652	4270726	5384490	5774400	6103200
人均GDP（元）	19524	23708	25605	29762	35197.79	38459.47

资料来源：《中国统计年鉴》（2002~2013）。

第三，铁路业对民航运输业的替代影响较小。虽然铁路和公路都是民航运输的替代品，但是由于民航运输的优势主要体现在中长途航线上，而公路的主要优势在于短途，因此，民航运输的替代品主要是铁路。近十年来，机票价格和火车票价格都没有显著的变化，但是居民的收入水平却增长很快，这就改变了乘客在两者之间的偏好，虽然票价差距很大，但是运输时间代替票价成为选择运输方式的关键因素，而民航运输便捷性的优势得以体现。见表2-2，2000~2012年，不管是从总周转量的角度，还是从运输收入的角

---

① 周慧英，鲁玥，王晓晨.民航产业需求分析[J].商场现代化，2007（3）：356.

度，民航运输业占铁路业的比重都得到了显著的提高。同时，从总周转量和运输收入两个角度，民航运输业占铁路业的比重差距很大。2012年，民航运输业总周转量占铁路业比重仅为1.56%，而民航运输业运输收入占铁路业比重则达73.27%。这一方面是由于相对较高的机票价格，另一方面是由于铁路在货运上的价格优势和运输贡献。此外，近几年高铁的开通和高速发展，因其在目标客户上相对于普通铁路拥有与民航运输更高的相似性，必然在一定程度上抑制民航运输需求。因此，总体而言，铁路价格对民航运输需求的影响作用并不大。

表2-2 2000~2012年铁路业与民航运输业的运输比较

年份	铁路业总周转量（亿吨千米）	民航运输业总周转量（万吨千米）	民航运输业总周转量占铁路业比重（%）	铁路运输收入（亿元）	民航运输业运输收入（万元）	民航运输业运输收入占铁路业比重（%）
2000	18195.60	1225007.4	0.67	1097.40	5281285	48.130
2001	19460.90	1411917.7	0.73	1345.73	5666683	42.110
2002	20627.80	1649266.8	0.80	1420.48	8368058	58.910
2003	22035.30	1707946.2	0.78	1483.38	8151028	54.950
2004	25001.20	2309985.0	0.92	1794.43	11681092	65.103
2005	26787.96	2612723.6	0.98	2019.13	13337568	66.060
2006	28576.53	3057978.6	1.07	2364.45	16334325	69.086
2007	31013.31	3652992.6	1.18	2504.38	19106806	76.296
2008	32884.89	3767651.7	1.15	3002.27	20008227	66.646
2009	33118.06	4270726.18	1.29	3197.80	20420977	63.865
2010	36406.31	5384489.7	1.48	3837.26	28762820	74.960
2011	39078.00	5774400.0	1.48	5035.80	35320000	70.140
2012	38999.00	6103200.0	1.56	5308.90	38898000	73.270

资料来源：《中国统计年鉴》（2002~2013）。

三、民航运输业的产业特征

（一）民航运输产品具有同质性

民航运输业是为旅客或货物提供位移服务的运输业，各航空公司所提供的服务缺乏根本性差异，具有同质性特征，难以形成特色和进行品牌建设，即使推出稍有创新的服务项目，也极易被其他航空公司模仿。同时，由于民航服务的边际成本非常低，接近于零，这就使得民航运输企业只能为提高客座率或载运率而不计成本地打折，从而形成价格战。航空运输业和航空公司的发展历史及经验表明，价格战是新的航空公司进入民航运输市场和老航空公司维持市场地位的首要策略。

（二）民航运输产品具有"易腐性"

民航运输产业所提供的乘客或货物的位移服务，不是有形的物质产品，而是一种服务，因而不能储存并进行批量的大规模生产，而且其生产过程和销售过程是同时发生和终结的，再加上民航运输业所提供的运输服务过程在时空上具有不可分割的特点，因此，民航运输产品具有不可储存性，即"易腐性"。这正是航空公司根据旅客变动成本廉价销售所剩座位以减少损失或增加收益的原因。

（三）民航运输业的资本和技术密集性

民航运输业需要完善的信息网络和通信设备，以加强部门之间的联系，进而提高民航运输服务的安全性和降低航空公司的运营风险，这就形成了民航运输业的技术密集性。民航运输业的生产过程所需要的昂贵的飞机、相应的维修和维护费用、配套的地面设备以及必要的人力投入，形成了民航运输业巨大的初始投资和研发投入以及高昂的运营成本，使得民航运输业成为高投入的资本密集产业。

(四) 民航运输业的成本特征

航空公司的成本是经营一个客机群的成本。根据成本习性,可将航空公司的成本划分为固定成本和可变成本两部分。其中,固定成本主要包括飞机拥有及维修成本、劳动力成本等,占航空公司总成本的50%~60%;变动成本主要包括航油成本、机场起降费、停机费、航管费用和财务费用等。平均固定成本能够随产量的上升而不断下降,并且,由于航空公司的边际成本非常低,提高飞机载运率的有效方法在于降低平均成本和提高经济效益。

民航运输企业的成本主要涉及劳动力、燃油、飞机采购和维护费四大部分。中国三大航空公司在2011年的成本构成见表2-3,其中航油成本所占比例最大。

表2-3 2011年三大航空公司成本构成

成本项目	国航		东航		南航	
	发生额(亿元)	百分比(%)	发生额(亿元)	百分比(%)	发生额(亿元)	百分比(%)
航空油料成本	347.03	37.66	292.29	36.86	326.75	24.130
油料衍生合同公允价值变动损益	-0.85	-0.09	-0.87	-0.11	0.01	0.0010
起降及停机费用	87.41	9.49	83.50	10.53	123.37	9.110
折旧	95.61	10.38	69.66	8.79	76.89	5.680
飞机保养、维修和大修成本	26.13	2.84	44.06	5.56	75.31	5.560
员工薪酬成本	122.70	13.31	86.65	10.93	157.54	11.630
航空餐饮费用	26.63	2.89	20.22	2.55	20.73	1.530
销售及营销费用	54.81	5.95	37.40	4.72	65.68	4.850
行政管理费用	22.62	2.45	88.54	11.17	151.44	11.180

续表

成本项目	国航		东航		南航	
	发生额（亿元）	百分比（%）	发生额（亿元）	百分比（%）	发生额（亿元）	百分比（%）
其他	139.43	15.13	71.47	9.01	356.35	26.320
合计	921.52		792.92		1354.07	

资料来源：中国国际航空公司2011年财务年报、中国东方航空公司2011年财务年报、中国南方航空公司2011年财务年报。

另外，虽然处于相同经营环境，但不同航空公司盈利能力却迥然不同。而造成盈利巨大差异的原因正是成本费用。从表2-4可见，山东航空和海南航空的盈利能力明显优于三大航空公司，而在三大航空公司中，国航的盈利能力较强。

表2-4 2011年主要航空公司运营情况比较

	国航	东航	南航	山航	海航
吨千米收益（元/吨千米）	5.98	5.87	6.27	6.62	6.24
吨千米成本（元/吨千米）	4.73	4.96	5.24	5.03	4.76
吨千米利润（元/吨千米）	1.25	0.91	1.03	1.59	1.48

资料来源：根据中国国际航空公司2011年财务年报、中国东方航空公司2011年财务年报、中国南方航空公司2011年财务年报、山东航空公司2011年财务年报、海南航空公司2011年财务年报计算取得。

四、民航运输业的基本经济特征

（一）规模经济

规模经济是指在生产过程中，随着生产规模的扩大，即生产能力的提高，出现产品平均成本下降的现象。民航运输业的规模经济存在于航空公司的机队规模、航线规模以及营销网络等各个方面，其规模经济主要表现在密度经济和乘数效应两个方面。假设一家航空公司只在公司所在地设立飞行基地，只有一架飞机执行公司所在地和另一城市之间的航班任务，而且每个航班都能达到合意的载运率。那么，在一定时间内，随着飞机往返频率的提高，公司的固定成本将被摊薄，使平均成本得以下降，这种因飞行频率提高所带来的平均成本下降是时间上的密度经济。而在飞机飞行频率不变的情况下，由飞机载运率和客座率的提高所带来的平均成本下降则是空间上的密度经济。随着航空公司所拥有的飞机数量的增加，零配件库存增加、飞机调配和维修更加合理等原因会带来飞机平均利用率的明显提高，这可以使航班数量和通航城市数量得以快速增长，产生"乘数效应"，进而大幅增加周转量，并降低平均成本。

随着航空公司规模的扩大，即机队规模、航线规模和航班规模的扩大，在密度经济和乘数效应的双重作用下，平均成本会不断下降，即出现规模经济。同时，随着生产规模的扩大，管理系统和营销体系因共享也会形成成本节约，使平均成本不断下降，出现网络经济。当然，平均成本不可能永远下降，它可能在某一个拐点开始上升，此时，如果继续扩大规模就会出现规模不经济，这个平均成本最低点的产量水平就被称为"最小有效规模"（Minimum Efficient Scale）。

（二）范围经济

范围经济是指企业采取扩大经营范围、增加产品种类等方式，生产两种或两种以上的产品所带来的平均成本的降低。与规模经济不同，范围经济是企业从生产或提供一系列产品（与大量生产同一种产品不同）中获得的平均成本节省。而这种成本的节省来自营销、研究与开发和行政管理（如财会、公关）等部门。在民航运输业中，我们一般将航空公司在不同航线上提供的民航运输服务视为不同的产品，那么，航空公司基本上都是多产品供给者。航空公司运输服务的范围经济就表现为一家航空公司同时经营多条航线比分别成立多家航空公司分别经营这些航线的成本低。民航运输业之所以会出现这种范围经济是因为随着航线规模的增加，单独每一条航线的周转量增加，并同时使航空公司的总周转量以递增的速度增长，这时由于飞机平均利用率的提高、单独每一条航线航班密度的增加以及更大飞机的使用等因素，就会使航空公司的平均成本下降。可以用数学形式表述成：$TC(q_1,q_2,\cdots,q_n) < TC(q_1,0,\cdots,0) + TC(0,q_2,0,\cdots,0) + \cdots + TC(0,0,\cdots,q_n)$。其中，左式代表一个航空公司经营 n 条航线的总成本，右式表示分别成立 n 个航空公司且分别经营这些航线的成本之和。类似地，某一中心城市与其他多个区域性市场的中心城市的联系也存在显著的范围经济，这主要是轴心—轮辐式航线结构与密度经济共同作用的结果。轮轴数量越多，范围经济越显著，同时也增加了密度经济，提高了航空公司运输服务的便捷性，也就是说，随着通航城市的增加，从轴心到任一通航城市的周转量都将增加，进而使航空公司的总周转量加速增长。同时提高每一航线的航班密度，缩短候机时间，有效节约了从某一地点到任意其他地点的运输时间。当然，与规模经济一样，民航运输业的范围经济也不是无限的。当航空公司直接飞往另一区域性市场中心城市以外的其他地点时，便会因为失去客货源组织和运营的便利性，进而形成范围不经济。

(三) 网络经济

网络经济是随着网络节点及其互联线路增多而使生产、经营或服务的产出加速增长、消费者便利性提高、消费量快速增加，从而使边际收益递增、平均成本逐渐下降（边际成本递减）的现象（秦占欣，2004）。而民航运输业的网络经济在于随着航空公司航线网络的扩大，将提高单一航线的航线密度和载运率，缩短乘客通过网络中心转化航班的时间，进而使收益递增，平均成本下降。因此，航空公司所建立的网络覆盖面越大，被联系的城市越多，其网络经济越显著。当市场范围进一步扩大时，即在多个区域型市场之间，网络中心之间的密切联系将形成更加庞大的网络，网络中任意两个节点之间的互联互通，将进一步提高民航运输的便捷性，促进市场容量的迅速增长，改善人流、物流以及信息流的输送能力和效率，并最终降低整个民航运输产业的平均成本，形成民航运输业的网络经济。同时，整个产业网络本身具有自强化功能，可以进一步扩展网络范围并提高网络容量，从而对网络内部各航空公司的网络经济进行协同和增强，使单一航空公司的网络覆盖面进一步扩大。当然，在民航运输业的实际运行过程中，一个中心城市不可能与其他所有中心城市紧密相连，但是在民航运输业网络经济的作用下，可以通过中转而与其他中心城市建立间接联系，同时，密度经济的存在将进一步提高中转运输的便利性。

规模经济、范围经济和网络经济都是民航运输业的基本经济特征，分别代表着其基本经济特征的不同侧面，三者都源于分工和专业化的发展。其中，网络经济的作用更具基础性，决定着航空公司运输活动的范围和规模，进而决定了民航运输业的市场规模和范围。在民航运输业的实际运行过程中，规模经济、范围经济和网络经济同时发挥着作用，三者之间密切联系、相互依存、共同作用，形成了航空公司的有效规模，并扩大了民航运输业的市场容量。

第二节　自然垄断产业的规制理论

一、自然垄断及其理论变迁

（一）自然垄断的含义

自然垄断作为经济学的传统概念，其概念的界定是一个不断发展变化的过程，学者们对自然垄断含义的认识经历了传统和现代两个不同阶段。

早期的自然垄断含义与资源条件的集中有关,强调自然要素的稀缺性,主要是指由于资源条件的分布集中而无法竞争或不适宜竞争而形成的垄断,但这种自然因素引起的垄断已很少存在。

之后,随着社会经济实践和经济理论研究的不断深入发展,学者们超越自然条件或自然因素,尝试以经济性为切入点,在规模经济的视角下,研究自然垄断问题。这样,传统意义上的自然垄断则与规模经济密切相连,指一个企业能以低于两个或者更多企业的成本为整个市场供给产品或服务。

自20世纪80年代以来,西方经济学对自然垄断的认识发生了重大的变化。1982年,鲍莫尔、潘泽和威利格使用部分可加性概念对自然垄断的含义进行了重新阐释。假设某个行业生产X种不同的商品或服务,存在Y个厂商,其中任何一个厂商可以生产任何一种或者多种产品。如果单一厂商为整个市场供给所有商品或服务的成本低于多个厂商分别生产的成本之和,那么,这个行业的成本就是部分可加的。如果在所有有关的产量上厂商的成本都是部分可加的,该行业就是自然垄断的。也就是说,即使平均成本上升,只要单一厂商生产所有产品的成本小于多个厂商分别生产的成本之和,由单一厂商垄断整个市场的社会成本仍然最小,那么,该行业就是自然垄断产业。这一定义扩大了自然垄断的范围,平均成本下降只是自然垄断的充分条件,但不是必要条件,新的含义不仅包括传统的自然垄断(强自然垄断),还包括弱自然垄断[①]。

(二) 自然垄断理论的发展变迁

自然垄断理论从产生到发展主要经历了三个阶段:规模经济、范围经济和成本部分可加性。在这三个阶段中,经济学家分别对自然垄断出现的原因进行了探讨和阐释,并从总体上推进自然垄断理论和实践的发展。

---

① 所谓"弱自然垄断"是指当需求曲线与平均成本曲线在上升区间相交时,边际成本大于平均成本,导致厂商盈利因而对潜在进入者有进入的吸引力的自然垄断区间。

1. 规模经济与传统自然垄断阶段

最早的自然垄断研究源于穆勒,他于1848年首先提出了自然垄断的概念,并就伦敦煤气和自来水等产业的自然垄断情况,对自然垄断的相关问题进行了研究。亨利·卡特·亚当斯(1887)探讨了自然垄断的相关问题,并认为只有通过政府的规制,自然垄断产业才能更好地为公众服务。进入20世纪,学者们继承了自然垄断在政府规制层面的含义。肯恩(1971)认为,自然垄断是指"那些拥有如下技术或服务特点的产业:通过一个单一的企业或有限数量的设施,让消费者能够以最低的成本或最大的净收益获得服务"。他还认为,"自然垄断产业就是这样一个产业,他拥有的规模经济——也就是说,企业生产的规模越大,平均成本越低——能持续到使一个企业供应整个市场需求的那一点"。谢勒(1980)则认为,"规模经济非常持久,以至于单一企业就能以相对于两个或更多企业而言更低的成本为整个市场提供服务"的产业中才有自然垄断。Clarkso 和 Miller(1982)等认为,由于资源的稀缺性、规模经济和范围经济,导致提供某种产品或服务的企业或者联合起来,形成自然垄断。并将自然垄断产业的经济特性总结为:"在既定生产范围内并存,在生产函数递增的情形下,一个企业生产比多家企业生产的效率更高。"

这样,在传统的自然垄断阶段,自然垄断产业的基本特征可以归纳为:其一,规模经济。此时的规模经济包括成本导致的规模经济和网络经济导致的规模经济两种形式。随着产量的不断增加,自然垄断企业的平均成本不断下降,如果由一家企业提供全部产品,社会的总成本就会最小。同时,很多自然垄断产业如供电、供水、有线通信、交通运输等,在提供服务时因建设庞大的网络系统而需要大量的固定资产投资。此时,如果重复建设网络,就会造成巨大的资源浪费。其二,大量的沉没成本。沉没成本是企业退出壁垒的主要构成,而在自然垄断产业,它还成为自然垄断产业高进入壁垒的主要构成。自然垄断产业在基础设施和设备上需要巨大的固定资产投资,这些固定资产一旦形成,需要很长时间进行折旧,而且这些资产具有很强的资产专用性，很难进行回收并重新利用，这就形成沉没成本。

2. 成本部分可加性阶段与现代自然垄断理论

20世纪70年代以来，经济学者们在成本部分可加性理论基础上，对自然垄断进行了重新定义。Baumol（1977）首次使用成本部分可加性对自然垄断进行定义，认为"规模经济对于垄断而言既不必要也不充分"。Panzer和Willing（1981）认为范围经济概念的核心在于成本部分可加性，主要是指同时使用两个或多个产品生产线进行产品生产比使用各个生产线单独进行产品生产的总成本小的情形。Sharkey在《新帕尔格雷夫经济学大辞典》[①]中指出："自然垄断产业是指由一个厂商生产整个产业产出的总成本比由两个或者多个厂商生产同样产出的总成本要低的行业。"

总之，平均成本的下降只是自然垄断的充分条件，而不是必要条件，即规模经济一定会形成自然垄断，但如果规模经济不存在，而存在成本部分可加性，也同样存在自然垄断。因此，自然垄断的新特征在于规模经济和范围经济。同样，自然垄断产业的特征也会随之改变，具体包括公共产品、规模经济、网络系统性、关联经济性、资本集中性、社会公益性等方面。

二、自然垄断产业的政府规制及其理论变迁

（一）政府规制的含义

规制又称为管制或监管。鉴于对规制内涵的理解差异，国外学者给出了不同的规制定义表述，兼具代表性和权威性的定义有以下几种：肯恩（1970）将政府规制视为一种基本的制度安排，主要是指"对该种产业的结构以及经济绩效的主要方面的直接政府规定，比如，进入控制、价格决定、服务条件和质量的规定，以及在合理条件下服务所有客户时应尽义务的规定"。施蒂格勒（1971）则认为："作为一种法规，规制是产业所需要的并为

---

① 约翰·伊特韦尔等. 新帕尔格雷夫经济学大辞典 [M]. 北京：经济科学出版社，1996.

其利益所设计和主要操作的。"米尼克（1980）指出："规制是从公共利益出发制定的针对私人行为的公共行政政策。"金泽良雄（1980）认为政府规制是"在以市场机制为基础的经济体制下，以矫正、改善市场机制的内在问题为目的，政府干预和干涉经济主体活动的行为"。植草益（1992）认为"规制"主要是指"社会公共机构依据一定规则对构成社会的个人和构成特定经济的经济主体的活动进行限制的行为。这里的社会公共机构或行政机关一般被称为政府"。植草益根据规制主体的不同，将规制划分为"私人规制"和"公共规制"两种形式。政府规制主要是指公共规制，他又根据公共规制涉及范围的不同，将政府规制划分为社会规制和经济规制两大类，并将经济规制定义为"在存在着垄断和信息偏在问题的部门，以防止无效率的资源配置的发生和确保需要者公平利用为主要目的，通过被认可和许可的各种手段，对企业的进入、退出、价格、服务的质量以及投资、财务、会计等方面的活动所进行的规制"。① 丹尼尔·F. 史普博（1999）认为"规制是行政机构制定并执行的直接干预市场配置机制或间接改变企业和消费者的供需决策的一般规则或特殊行为"。维斯库斯等（2004）认为政府规制是"政府以强制手段、对个人或组织的自由决策的一种强制性限制"，并且是"以限制经济主体的决策为目的而使用的强制力"。

  国内学者也就规制的含义进行了深入的探讨和阐释。樊纲（1995）认为："政府规制是特指政府对私人经济部门的活动进行的某种规制或规定，如价格规制、数量规制或经营许可等。"余晖（1997）指出："规制是指政府的许多行政机构，以治理市场失灵为目标，以法律为根据，以大量颁布法律、法规、规章、命令及裁决为手段，对微观经济主体的不完全公正的市场交易行为进行直接的控制或干预。"陈富良（1999）认为："规制是政府根据有关法律法令、规章制度，对市场主体，包括公共部门和私人部门的企业组织、事业单位及个人的经济活动进行规范和制约的一种管理方式。"王俊豪

---

① 植草益. 微观规制经济学 [M]. 朱绍文译. 北京：中国发展出版社, 1992: 1-2.

(2001)认为:"政府规制是具有法律地位的、相对独立的政府规制者(或机构),依据一定的法规对被规制者(主要是指企业)所采取的一系列行政管理与监督行为。"李郁芳(2002)指出:"政府规制是政府部门,也包括一般的社会公共机构和组织,以治理市场失灵或克服忽视社会利益的私人决策为目标,依据有关法律法规,对企业的市场行为施行的外部干预。"

虽然国内外学者对规制含义的研究在研究角度和侧重点上存在差异,但上述对规制所做的定义具有以下共同点:政府规制的主体是政府行政机关,是由立法机关设立的以贯彻实施特定政策为目标的政府行政机构,这些被授予规制权利的行政机构通常被称为规制者;政府规制的客体是各种微观经济主体,主要指企业,一般被称为被规制者;政府规制的实质在于规制者对被规制者行为所进行的不同目的和不同形式的干预;政府规制的主要依据和手段是各种法律和法规,法律法规必须明确地规定规制者和被规制者的各种权利和义务。

(二) 自然垄断产业政府规制的原因

政府规制源于市场失灵,在自由竞争的市场机制下,通过价格机制进行资源配置,经常会出现市场失灵,这时就要依靠政府,运用政府规制修正市场机制的种种缺陷,尽可能避免市场机制在进行资源配置时可能给社会经济发展带来的消极结果,从而保证并提高社会经济资源的配置效率。当然市场失灵的表现是众多的,通常依靠政府规制可以解决自然垄断、信息不对称和公共物品三大市场失灵问题。

自然垄断服从于垄断的一般经济特征,因此,与完全垄断市场一样,也会造成社会福利的净损失。市场机制只有在充分竞争的状态下才能有效地发挥资源配置作用,虽然自然垄断的成因有别于其他形式的垄断,但垄断者同样可以凭借垄断势力操纵商品或者服务的价格,按照利润最大化的原则进行定价,使其价格高于边际成本,攫取消费者剩余,并获得垄断利润,从而降低资源配置效率,带来效率损失。此外,自然垄断企业在获得垄断地位之后,资产专用性、市场容量的限制等原因所形成的高进入和退出壁垒，经常容易使自然垄断企业失去外在竞争压力，没有动力进行治理机制的完善、成本控制、技术创新、提高效益，从而导致生产效率下降。不管是资源配置效率的损失还是生产效率的下降，都会降低社会福利，影响经济体系的有效运行。因此，政府规制的重要目标之一在于限制过度的垄断以实现适度的竞争。

"外部性"的概念最初是由马歇尔与庇古在20世纪初提出，主要是指一个经济主体（生产者或消费者）在自己的活动中对旁观者的福利产生的有利影响或不利影响，而这种有利影响带来的利益（收益）或不利影响带来的损失（成本），却没有被生产者或消费者本人所获得或承担。因此，外部性是一种经济力量对另一种经济力量的"非市场性"的附带影响。科斯认为只要财产权是明确的，并且交易成本为零或者很小，那么，无论在开始时将财产权赋予谁，市场均衡的最终结果都是有效率的，实现资源配置的帕累托最优。因此，在新制度经济学看来，产生于产权界定不清的外部性，只要解决产权的界定问题和降低交易成本就可以解决外部性问题。这就需要政府对其进行规制，通过政府规制（对负的外部性征收税费，对正的外部性给予补贴）可以将外部性的影响内部化，从而解决外部性问题。征税可以抑制产生负外部性的经济活动；补贴可以激励产生正外部性的经济活动。

信息不对称是指交易中的交易主体拥有的信息不同。在社会经济活动中，各类人员对相关信息的了解是有差异的，由于一些成员拥有其他成员无法拥有的信息，从而造成信息不对称。通常掌握信息比较充分的人，往往处于相对有利的地位；而信息贫乏的人员，则处于相对不利的地位。尤其是当供给者故意隐瞒或者欺骗消费者以攫取利润时，消费者无法对信息进行评价，这就需要政府对其进行规制以降低交易成本。通常，政府可以采取信号显示、经营许可等规制方式，降低信息不对称性和交易成本，从而提高资源配置程度。

（三）自然垄断产业政府规制的目标

政府规制包括社会性规制和经济性规制两种类型。其中，经济性规制是从社会角度出发，以达到资源有效配置、公平分配和增进社会福利为目的，针对公共物品、外部性及信息不对称等内容所进行的规制。而经济性规制是从经济角度出发，以防止发生资源配置低效率和确保利用者的公平利用为目的对自然垄断产业进行的规制。所以，自然垄断产业政府规制的重点在于经济性规制，一般而言，经济性规制的目标在于：

1. 实现经济资源的有效配置

在自然垄断产业中，政府规制的重点是防止自然垄断企业滥用市场势力。所谓"市场势力"是指单个经济主体（如垄断企业）对市场价格的影响。自然垄断厂商可以凭借垄断地位，影响价格的确定并进行价格歧视，就会使价格确定于边际成本水平以上的垄断价格，这样将使资源配置的帕累托有效无法实现。因此，需要实行价格规制以限制垄断价格的形成，从而实现经济资源的有效配置。

2. 提高自然垄断企业的生产效率

鉴于市场结构的垄断性，自然垄断企业缺乏外部竞争压力。通常情况下，自然垄断企业可以根据自己的成本进行价格确定，并获得垄断利润，所以其缺乏提高企业效率的积极性。因而，需要政府规制提高自然垄断企业的效率。

3. 避免收入的再分配

自然垄断企业凭借其市场势力，可以在自然垄断市场中实行垄断价格、价格歧视以及内部交叉补贴。而垄断价格、价格歧视和内部交叉补贴都涉及收入的再分配。首先，如果企业可以垄断地确定价格，这不但会降低经济资源的配置效率，还会使一部分消费者剩余转化为利润进行再分配。其次，自然垄断企业可能通过价格歧视攫取部分消费者剩余（二级或三级价格歧视的结果）或全部消费者剩余（一级价格歧视的结果）增加企业利润。最后，经营多种产品或服务的自然垄断企业，可能通过内部交叉补贴将来源于某一领域的超额利润弥补另一领域的过低利润或者亏损，从而引发不同事业领域消费者之间的收入再分配。因此，要求从公正分配的观点出发对垄断价格、价格歧视和内部交叉补贴进行限制，从而使得消费者免于收入再分配带来的损害，并增进社会福利。

4. 稳定企业财务

企业长期生存和发展需要合理的财务管理。如果自然垄断企业不能从长期出发进行适当的投资，就会出现供给的不足，并阻碍自然垄断企业的长期成长。因而，需要规制者确保企业能够筹措到内部资金（利润剩余和折旧）和外部资金以保证资本成本（股息、利息等）并能够实现适当的投资。这样，稳定企业财务就成为自然垄断规制的重要目标之一。

（四）自然垄断产业政府规制理论的发展变迁

20世纪以来，政府规制理论经历了"市场失灵与政府的矫正措施、规制政策效果的检验、探索规制政策的政治原因、政府规制中的激励问题"四次理论变迁，从而分别形成了公共利益理论、部门利益理论、放松规制理论和激励性规制理论。

1. 公共利益理论

公共利益理论认为：市场失灵是政府规制的起点，其核心理论在于市场失灵和福利经济学；政府作为公共利益的代表，能够满足公众的要求，进而解决市场经济中存在的无效率和不公平，从而维护公众利益并提高社会整体的福利水平。公共利益理论是采用规范经济学的研究方法对规制进行研究的最初理论，产生于"市场失灵与政府的矫正措施"，主要包括两方面内容：其一，市场中存在的公共物品、外部性、自然垄断、不完全竞争、不确定性、信息不对称等市场失灵现象，会降低资源配置效率，导致市场经济中帕累托最优的无法实现，因而需要政府规制；其二，寻求"最优"的政府规制政策可以矫正市场经济中的市场失灵现象，提高资源的配置效率，增进社会的整体福利。然而，实践表明，公共利益理论并不完美，比如，规制的产生并不完全是由于市场失灵，规制方案可能产生不合意间接效应、规制成本比较高、实践中规制无效率等问题。

2. 部门利益理论

随着社会经济实践的发展，公共利益理论无论在理论方面还是实证方面都受到挑战和质疑，这就诞生了部门利益理论。部门利益理论的基本假设在于：政府拥有和掌握权力资源，利益集团可以通过游说或寻租，俘获政府权力，从而增进本集团的利益；规制的供求双方都是理性人，能够进行理性的选择，并追求和实现各自的最大化效用。该理论强调利益集团在公共政策形成过程中的重要作用，并强调利益集团通过寻求政府规制来增进其私人利益。政府规制并不是以社会公共利益为目的，而是特殊的利益集团寻租的结果。政府规制虽然可能在某些情况下给公众带来福利，但这并不是政府规制的初衷，而只不过是政府规制意外的结果。因此，政府规制的实质在于规制者和立法者被产业组织所俘虏和控制。但是，部门利益理论纯粹的理性人假设太过绝对，虽然，政府作为规制者有可能与被规制企业或利益集团进行权钱交易，但在公众和社会舆论的监督下，寻租行为将有所抑制。如以保障产品安全或改善环境为目的的政府规制，就不是利益集团压力的结果。

3. 放松规制理论

20世纪五六十年代，政府规制失灵现象日渐频繁，政府规制受到了日益广泛的质疑和反对。这样，在70年代末就出现了"放松规制"的趋势。放松规制理论包括政府失灵理论和可竞争市场理论两个方面。詹姆斯·M. 布坎南认为："组成政府的政治家和公务员同样是理性人，都有其各自的私欲，也都以追求自身利益的最大化作为行为准则。提供公共物品的公共部门总是倾向于浪费或滥用资源，公共部门的支出存在着规模过大和效率较低的问题。"以此为基础，布坎南提出了政府失灵理论。可竞争市场理论认为：如果不存在沉没成本，公司能够迅速进入行业，在位公司由于担心潜在竞争者的进入而维持代表生产成本的价格和高效率生产,这时即使行业内只有少数公司,也会实现竞争性市场的产量。因此,该理论认为政府规制政策的核心就是要在被规制产业中维持充分的潜在竞争压力。从理论上讲,最优的资源配置和最大化的经济效率实现的保证在于竞争力量的存在,只有在完全竞争的市场中,企业可以自由地进出产业,从而消除超额利润。这样,只要消除人为的进入壁垒和退出壁垒,并使沉淀成本尽可能下降,就可以在自然垄断产业中形成可竞争市场。

4. 激励性规制理论

在实践中,价格规制、收益率规制、市场准入、纵向约束、购并限制、污染控制专利保护等传统的规制手段,很容易产生逆反作用,实现不了预期的效率,这主要是由于激励性规制效果的发挥受到限制。激励性规制理论的核心在于研究在维持原有规制结构的条件下,如何采取激励手段,制定适当的规则和规制政策,使被规制者在受到约束的同时,感到竞争压力并努力提高企业内部效率,实现以最少的成本获得规制信息,从而提高被规制企业效率。激励性规制的规制工具主要包括最高限价规制、联合回报率规制、利润分享规制、区域间标尺竞争规制、特许投标规制以及社会契约规制等。其中,应用最广泛的是价格上限规制。

综观规制理论的演进过程,最初的规制理论是源于对市场失灵的解决,之后围绕"规制代表谁的利益"展开理论探索,后来出现了"规制失灵",这就使得规制理论朝着两个方向发展:其一,放松规制,即直接在产业中引入竞争,进行市场化改革,以提高社会资源的配置效率;其二,重构规制,通过实施激励性规制提高政府规制的效率。

第三节　民航运输业的自然垄断、竞争与政府规制

一、民航运输业的自然垄断性特点

根据前面对自然垄断和民航运输业产业及经济特征的分析，民航运输业的规模经济优势非常明显，整个市场容量被一个或极少数几个企业所经营成为可能和必要。民航运输业呈现的典型自然垄断特征也就自然而然地导致了政府规制。具体来说，民航运输业的自然垄断特征主要表现在以下几个方面：

（一）高进入和退出壁垒的存在

民航运输业是资本和技术密集型产业，巨大的固定资产和研发投入成为新航空公司进入民航运输业的障碍，即形成民航运输业高进入壁垒。同时，这种高投入和资产的专用性，使得航空公司一旦进入就难以退出，因为退出会形成很大的沉没成本，并造成巨大的损失和浪费。

（二）大规模经营的高效率

民航运输业规模经济、范围经济和网络经济的存在，使得航空公司只有拥有相当的规模才能够形成成本优势和市场优势。随着航空公司规模的不断扩大，其成本函数呈现弱增性的特点。同时，在一定的地域和空间范围内，有限和较小的市场需求使得市场被少数几个航空公司经营所产生的效率最高。

（三）短期内市场容量扩张的有限性

短期内，自然、技术、人口以及经济条件的存在可能限制民航运输业的

供给和需求，使得航空公司机场数量、航线规模、潜在客户等的增长都会比较缓慢，这就可能制约民航运输业市场容量的扩张，从而进一步强化民航运输业的自然垄断特征。

（四）有保障的供给和安全飞行的需要

一般而言，民航运输业被认为涉及国家主权与国防安全，而且属于非常重要的公益性的旅客和货物运输部门，具有公共产品的特点，因此，民航运输业必须由国家垄断经营。此外，对于飞行安全的担心和关注也使得对民航运输业需要加以垄断经营和加强政府监管。

二、民航运输业的竞争性特点

20世纪80年代以来，自然垄断理论的新发展和最新研究成果表明，自然垄断的边界是可变的。随着技术进步、市场需求、市场容量以及替代竞争等因素的不断变化，一些原来的传统意义上的自然垄断产业的产业性质也随之由自然垄断向竞争性产业逐步转化，同时，一些强自然垄断产业也会随之向弱自然垄断产业转变。鉴于此，不少国家纷纷实行市场化改革，放松其对自然垄断产业的规制。对于民航运输业而言，由于民航运输资源的稀缺性和规模经济等原因导致的自然垄断，随着某些经济和技术条件的变化，正在不断地变化和淡化，从而使得民航运输业整体上由强自然垄断逐渐向弱自然垄断转变，并且在某些民航运输业务上出现竞争性特征。而这些经济、技术条件主要包括以下几个方面：

（一）市场容量的扩大

随着社会经济的不断发展，国民收入水平的不断提高，公众对民航运输服务的需求也随之不断增长，这使民航运输服务的市场需求曲线向外大幅移动，并超出了自然垄断企业规模经济的范围，从而不再具有成本部分可加性。

同时，随着民航运输服务需求的急剧增长，民航运输业的规模经济效应、范围经济效应和网络经济效应日益明显，在扩张市场容量的同时，民航运输业能够在一定的空间范围内容纳多家航空公司同时进行经营，从而降低了民航运输业的自然垄断性，并提高了民航运输业的竞争性。

(二) 航线资源限制的突破

随着空中交通管制技术的提高以及机场设施的完善等民航运输服务技术的提高，技术进步能够在一定程度上克服或改善民航运输资源的稀缺性，突破航线资源的限制，并形成扩张的市场容量，使得同一航线可以容纳两个甚至两个以上的航空公司共同经营，进而显著提高单位时间内的民航运输的交通流量。

(三) 供给特征的变化

生产和分配技术的不断引入和发展提高了生产效率，企业的长期平均成本曲线在向下进行移动的同时，变得更为平坦，这就降低了企业的最小有效规模。同时，融资租赁等方式的出现不但可以降低民航运输业的进入壁垒和退出壁垒，还能够使民航运输业在引入竞争的同时不至于造成破坏性竞争，因此，随着民航运输供给特征的变化，民航运输业的竞争性得到了进一步提高。

(四) 分层竞争格局的形成

在民航运输业的基本经济特性，尤其是网络经济的作用下，区域性市场内部与区域性市场之间形成了分层竞争的格局，也就是说，在区域性市场的内部，扩大的市场容量，能够容纳多个中小型的航空公司进行竞争，而在区域性市场之间，一般会形成大型航空公司之间的竞争。

（五）产业间替代竞争的不断加剧

随着高速公路的迅速发展，铁路运行速度的普遍提高，尤其是高速铁路的飞速发展等交通运输基础设施的发展，在一定的空间范围内，民航、铁路、公路之间，尤其是民航与高速铁路之间，出现了互相竞争的局面，这就加剧了产业间的替代竞争，并使民航运输业自然垄断的特征日益丧失，并呈现显著的竞争性特征。

（六）国际间竞争格局的呈现

在开放的经济条件下，随着全球化的不断推进和发展，民航运输业形成了国际间竞争的格局，激烈的竞争就在双边共飞航线上的不同国家的航空公司之间展开。当然，这种国际间竞争格局和竞争关系必然会强化民航运输业的产业竞争性。

三、民航运输业政府规制的形式

针对民航运输业自然垄断的特点，各国政府采取多种形式对其进行规制。主要包括：价格规制、进入规制、航线准入规制、投资规制、所有权规制、普遍性服务规制、技术标准制定规制以及资源利用规制等形式。

（一）价格规制

价格规制是在自然垄断和存在信息不充分的产业中，政府以限制垄断定价、最优配置资源和保障公平供给为目的，对价格结构和价格水平所进行的规制。在民航规制实践中，价格规制必须满足以下条件：其一，航空公司必须能够盈利，否则它将拒绝提供民航运输服务；其二，价格规制的成本必须低于社会福利（净损失的消除）。此外，价格规制的关键在于最优规制价格的确定。规制价格过低会降低航空公司的利润并有可能降低民航供给，而规制价格过高将会侵占消费者的利益并降低社会福利水平。

(二) 资源利用规制

资源利用规制是指政府为保证民航运输资源（如空中航线、飞行高度层、航空燃油等）的合理使用，保障民航运输的安全经营和民航运输资源的最优配置所制订的规定和规制。

(三) 进入规制

进入规制是政府以防止过度进入以及实现规模经济、范围经济和网络经济为目的，通过发放许可证等制度对计划从事民航运输经营的企业所进行的限制，没有得到政府许可的企业不得从事民航旅客和货物的运输经营活动。

(四) 所有权规制

所有权规制是指政府对航空公司所规定的国有、非国有以及外资等不同所有制形式在航空公司资产中所占比重的限制。例如，政府可能规定航空公司的国有资产必须占绝对控制地位（50%以上的股份）。

(五) 投资规制

投资规制是政府为确保能够在最大限度地吸引各方对民航运输投资的同时，对其投资行为的某些方面所进行的限制和指定的投资原则。投资规制经常与所有权规制相联系，两者之间存在交叉。但两者并不等同，并非所有的所有权规制都是投资规制，也并非所有的投资规制都是所有权规制。

(六) 航线准入规制

航线准入规制是政府对不同航空公司所划定的经营范围和制定的投资原则区域，没有特别的理由不得进入其他区域性市场的航线。航线准入规制涉及政府对于某一具体航线到底由哪家航空公司进入，而其他航空公司不得进人的规定，因而，通常是一个讨价还价和寻租的过程。

(七) 普遍性服务规制

普遍性服务规制是政府鉴于民航运输服务的普遍服务和公共产品的特点，为保证偏远或贫困地区的公众能够享受到便利的交通，而要求航空公司为那些市场容量小、盈利水平低的航线提供民航运输服务的规定。

(八) 技术标准制定规制

技术标准制定规制是政府保证飞行安全以及民航运输服务质量而对航空公司的技术标准、服务水平等方面所制定的规制。技术标准制定规制的内容非常丰富和繁杂。例如，特大的民航运输枢纽对于所抵达飞机座位数的限制、飞机的噪声限制等。

第三章 民航运输业的市场化改革实践

市场绩效直接影响着民航运输业的市场化改革绩效,是民航运输业市场化改革绩效的核心,改革前后市场绩效的变化可以体现民航运输业市场化改革绩效的变化趋势。而市场绩效又是在特定的市场结构和市场行为条件下进行市场运行的效果。因此,为了对民航运输业市场化改革绩效进行系统的、深入的研究,判断民航运输业市场化改革是否实现了预期的效果,超过或背离改革目标的程度如何,就必须了解民航运输业的市场结构和市场行为的变迁。本章在对民航业的市场化改革历程进行详细分析的基础上,研究了民航运输业市场化改革的历程、内容(监管体制改革、竞争引入、产权重组以及公司治理调整)、原因以及目标,进而分别研究民航运输业市场结构和市场行为的变迁。

第一节 民航运输业市场化改革的历程和内容

一、民航业市场化改革的历程

中国民航成立于1949年,经过60多年的发展,中国民航业经历了一个

从军事化到市场化的过程,纵观中国民航业市场化改革的历程,大概可分为五个阶段:

(一)高度集中的民航规制阶段(1949~1979年)

中国民航业的监管体制在这一阶段属于计划经济模式。其间虽经过多次调整和改革,其主管部门经过多次调整,分别归属于空军、交通部、国务院等不同部门,但基本的规制体制变化不大。这一阶段的规制体制可以归纳为以下三个特点:其一,政企合一,军事建制。中国民航业虽然归属于空军、国务院、交通部等不同部门,但一直实行的是军事化建制,政企合一,相关部门既是监管机构,又是经营机构。其二,各级机构不独立,财务核算不独立。民航总局统筹安排,按计划生产,在财务上实现统收统支。在价格规制政策上,长期实行低票价政策,因而,长期亏损需要政府的财政补贴。其三,严格的政府规制。民航总局对其下属的分支机构的经营活动在投资、票价、旅客资格、航线、航班开设等方面进行了比较严格的政府规制。

总体而言,中国民航业在这一阶段的高度集中的民航规制,是民航业规模小、生产技术水平比较低的结果,更是当时中国计划经济体制对生产和经营进行垄断的必然结果。

(二)领导体制改革和企业化阶段(1980~1986年)

在此期间,民航业针对管理制度进行了经济核算制度和人事劳动制度等一系列改革。具体的市场化改革内容可以归纳为以下四个方面:一是机构改革。民航总局在撤销了指挥部、后勤部等类似军队建制部门的同时,组建了各个业务司和业务局,从而对计划以及财务等管理机构进行了恢复和强化。同时,民航总局还成立了工业航空服务公司、航空食品公司以及航空器材公司等企业。二是建立经济核算制。为实现民航业的分区管理和核算盈亏,全面地核算各项技术经济指标,合理地分担航站费用,民航业在这一阶段实行了各省局的二级核算、跨区航线的联营、财务承包和实行利润包干以及经营责任制和岗位责任制。三是改革投资体制。鼓励多渠道筹集资金,并允许通过租赁方式引进飞机。四是放松进入规制。为满足开放改革的需要和吸引更多的民间资本以及打破民航总局的独家垄断经营,开始允许部门和地方创办航空公司。厦门航空、新疆航空、上海航空和中国联合航空在此期间获批成立。

这一时期政府规制改革的实际在于以企业化为核心的放松政府规制过程,改革的重点在于进行企业化,并试图引入竞争。通过改革,民航业的生产力得到了极大的发展,到1986年底,民航业的运输总周转量达到1978年的5.2倍,旅客运输量达到1978年的4.3倍,而货邮载运量则是1978年的3.5倍。但是这种企业化经营,实际上只是在政企合一条件下政府对民航业经济效益的关注和重视,民航总局以及其下的各级部门仍然兼顾政府角色和企业角色,而且没有分工,机场管理业务、空中交通管理业务和航空运输业务仍然集中于一个单位经营管理。所以,在这一阶段,计划经济仍然居于主体地位。

(三)政企分开和独立经营机构构建阶段(1987~1996年)

1987年初,国务院批准了民航管理体制改革方案,其核心在于:政企分开和管理局、航空公司、机场分设,这意味着民航改革进入了管理体制全面改革的新阶段。归纳起来,主要包括以下几个方面:其一,构建政企分开的行政管理体制框架。在设立民航华北、华东、中南、西南、西北、东北六个地区管理的基础上,在各省(区、市)建立省(区、市)局的同时,将省(区、市)局与机场合而为一,进行企业化经营。这不但实现了政企分离,还构建起了民航总局—地区管理局—省(区、市)局三级行政管理体制。其二,组建骨干航空公司。民航总局在原来六个地区管理局以及部分省(区、市)局的基础上,分别组建了中国国际、东方、南方、北方、西南和西北六大骨干航空公司及其分(子)公司。六大航空公司自主经营、自负盈亏,竞相公平地进行市场竞争。其三,改革民航投资体制。民航业在这一阶段制定了允许非国有资本进入航空公司和机场的规定。部分省市政府、企业纷纷与民航总局、中央企业合资或独立投资,组建了 20 多家航空公司,从而形成了航空公司诞生的高潮。这一时期,民航业还开始允许外资进入航空公司、机场、飞机维修和民航相关企业。东航、南航、首都机场、中国航信等民航企业纷纷在境外上市,并诞生了一些外资的飞机维修公司和配餐公司。其四,成立独立的机场管理机构。在民航地区管理局、航空公司、机场分别设立的原则基础上,成立了沈阳桃仙、北京首都、西安咸阳、成都双流、上海虹桥和广州白云六大机场,负责机场的经营和管理。其五,改革航空运输服务保障系统。在将服务保障性业务分离出来的同时,根据业务特点,组建了中国航空器材进出口总公司、计算机中心、中国航空油料总公司和中国航空结算中心等企业。其六,改革空中交通管理体制。将空中交通管理业务分离出来,组建了相对独立的包括航行规制、通信导航、航行情报、气象保证等内容的民航空中交通管理系统。

在这次改革过程中,民航业基本打破了原来的政企合一,取消了需求规制,形成了政企分离、地区管理局与航空公司和机场分别建立的管理体制,基本形成了符合国民经济发展和改革,以及民航业基本特征的行业管理体制与产业结构,初步构建了依靠市场进行资源配置的机制,极大增强了基础设施建设,大大提高了民航业的运输保障能力。总之,民航规制体制改革取得了很大的成效,并促进了民航业的快速增长。但价格仍然被严格地加以控制,企业实际上并没有自主定价权。

(四)民航业进一步市场化的改革阶段(1997~2002 年)

1987~1996 年的十年民航业改革,航空业取得了长足的发展,也确实培育了一大批航空公司,但在国内和国际激烈竞争的市场环境下,出现了航空公司亏损严重、运输能力相对分散和相对过剩、过于频繁的价格战和价格政策、国际航空公司的发展以及国内民航市场的冲击等整个行业的无序竞争局面。因此,民航总局从 1997 年开始,对民航业实行了新一轮的体制改革,此次改革的内容主要包括以下五个方面:其一,严格进入规制,鼓励和引导航空公司进行兼并事件，1997~2002年，民航业共发生了11起航空公司之间的兼并。特别要指出的是，这些兼并和重组是在政府的主导下完成的，而不是市场进行资源配置的结果，因而，可能仍然存在一些问题。其二，放松价格规制以推动有效竞争。具体的价格政策包括"一种票价、多种折扣"、"取消票价折扣"、"航线联营"、"明折明扣"以及团体票价幅度管理等形式。其三，强化飞机购租和航线、航班进入规制以改善供求失衡状况。为改善民航业运输能力相对过剩而且相对分散的供求失衡的状况，民航总局采取各种措施以控制民航运力，发展支线航空、航空货运和快递业务以及提高航班的载运率。其四，增强对国际航线的进入规制以形成中国民航运输业的国际竞争合力。目的在于解决中国民航业在国际航线上的市场占有率和载运率低、盈利水平差等问题。其五，完善航空公司的资本结构和治理结构。鼓励有条件的航空公司进行以建立现代企业制度为核心的股份制改造。在此期间，南航在中国香港联合交易所上市，东航在美国纽约交易所上市，同时，上海航空、山东航空等四家航空公司在国内上市。

总体而言，这一时期的市场化改革存在明显的政府规制目标不一致：既想放松规制以实现民航业的有效竞争和提高产业效率，又想通过政府干预解决发展中的问题和困难，这就使得政府的规制政策总是陷入"放"与"收"的两难矛盾，很多市场化改革措施要么迟迟不能出台，要么几经反复。同时，这也说明了政府规制手段的单一，政府规制政策的核心因素是航空公司的经济效益。

（五）全面的市场化改革阶段（2002年至今）

2002年1月23日，国务院通过了《民航体制改革方案》，这意味着民航业新一轮改革的序幕被拉开。此次改革主要包括以下内容：其一，明确政府规制部门的职责，转变政府职能。确定了民航总局主要承担航空业的空中交通管理、市场管理、安全管理、宏观调控及对外关系等职能的政府规制主体的地位，而原来的国有资产管理工作交由国资委统一管理。其二，深化行政体制改革。在此次改革中,将原来的"民航总局—地区管理局—省(区、市)局"三级行政管理,改为"民航总局—地区管理局"两级行政管理,同时,为加强航空安全保护工作,对民用航空的公安体制进行了改革,组建了空中警察队伍。其三,对民航直属企业进行联合重组。以政企分离为目标,通过联合重组,成立了中国航空器材进出口集团公司、中国航空油料集团公司和中国航空信息集团公司以及中国航空集团公司、中国东方航空集团公司和中国南方航空集团公司三大航空运输集团公司,并交由国务院国有资产管理委员会管理。其四,实施机场属地管理。根据政企分离和属地管理的原则,民航总局将除了首都机场和西藏自治区内的机场外的其他机场全部交由地方政府管理。其五,进行相关配套措施的改革。民航总局还提出了包括完善民航运输价格形成机制,继续实施机场建设管理费政策,健全航线资源的有偿使用制度,改革销售代理机制、提高民航运输业对外开放水平以及推进国际航空运输自由化进程等一系列配套改革措施。

总之,2002年以来的民航业全面市场化改革,是民航业成立以来涉及内容最丰富、范围最广泛、力度最大的一次改革。通过此次改革,民航业的组织形态改革已经基本完成。然而,更深层次的改革仍然有待加强,这就需要我们对目前的改革绩效进行科学的、准确的评价。

二、民航运输业市场化改革的内容

民航运输业作为民航业的核心部分,其市场化改革自然也是民航业市场化改革的核心内容。但是,在中国民航业出现之初,民航运输只是民航业的核心业务,尚无独立经营民航运输业务的航空公司,直到1984年厦门航空成立,随后,新疆航空、上海航空、中国联合航空在两年内相继成立,但是只有厦航和上航实行了相对独立的企业化经营。而且,当时这四家航空公司所经营的民航运输业务所占比例并不大,因而,此时民航运输业并没有形成。1987~1996年民航业实行了以"政企分开,构建独立经营机构"为核心的市场化改革,部分省市政府、企业纷纷与民航总局、中央企业合资或独资组建了 20 多家航空公司,并实行自主经营、自负盈亏。在这一时期,一方面,大部分航空公司实行了政企分离的独立经营;另一方面,这 20 多家航空公司承担了民航业大部分的民航运输业务,这意味着民航运输业开始脱离民航业,形成相对独立的产业,所以,民航运输业的市场化改革在实质上可以划分为 1997~2002 年和 2002 年至今两个阶段。当然,民航运输业因其业务特点,与民航业其他企业仍然有着千丝万缕的联系,并仍然隶属民航业。鉴于民航运输业的市场化改革自始至终都从属民航业市场化改革,是民航业市场化改革的重要组成部分,这里就不再详细分析其市场化改革历程。此处将结合民航业市场化改革的历程,详细分析民航运输业市场化改革的内容。

(一) 监管体制改革

经过历次监管体制改革,通过多次有计划、有步骤的体制改革,民航业从改革开放之初的政企不分、军民合一,转变为政企分离、政资分离。民航总局不再是企业资产的所有者,而是作为行业管理者专门行使管理民航运输业、实施空中交通管理和保障航空安全、组织协调重大紧急航空运输任务等行业管理职能,实现了向有限责任政府的转变。截至 2008 年,民航法规体系已有法律 1 部、行政法规和法规性文件 27 部、规章 114 部。由运输航空、通用航空、机场、空管、航空保障以及政府监管部门构成的民航系统,经过一系列的体制和制度改革,基本形成了各子系统配置合理、有序分工的局面,与市场经济相适应的行业管理体制基本建立,为民航运输业协调发展奠定了坚实基础。

(二) 竞争引入和规范

基于民航运输业竞争性产业性质的认识和实践中民航运输业政府管制存在的诸多弊端,各国纷纷对民航运输业进行市场化改革。进行民航运输业市场化改革的重要内容之一就是在原先被严格监管的民航运输业内更多地引入竞争机制并抑制过度竞争，以达到理想的"有效竞争"状态，实现民航运输业产业组织和资源配置的优化，提高社会总体的福利水平。从历次民航业的市场化改革来看，为实现航空资源的市场化配置，主要的竞争引入和规范的措施包括：调整进入规制、改革投资规制、放松价格规制等。通过这些措施，基本取消了经济性规制，政府由原来的全面规制转向主要对航空公司进行安全监管和维护民航运输市场的公平竞争。

（三）产权重组

所谓"产权重组"是指在社会再生产过程中，企业的产权结构、产权关系及其具体实现形态的重新组合和构建，其核心在于重新调整和构造产权关系，从而实现产权主体明晰的责、权、利。对于航空公司而言，企业的产权重组包括重新改革和塑造产权主体、重新确定产权客体、重新构建产权结构以及重新选择产权模式四个方面的内容。归纳起来，航空公司产权重组的具体实现方式包括企业重组、资产重组以及企业治理结构重组三方面。

（四）公司治理调整

合理的、完善的公司治理结构不但可以提高企业绩效，从而保障企业的长期稳定、健康发展，而且有助于企业树立稳健的市场信心，吸引外部资金，扩大企业规模。对于航空公司而言，同样如此。历经数次市场化改革，中国民航运输业的公司治理从最初的"财务核算不独立"到"利润包干上交、超收分成、亏损不补"，到"企业化经营、自主经营、自负盈亏"，再到"建立完善的现代企业制度"，经历了一个从无到有、不断完善的过程。

第二节 民航运输业市场化改革的原因及目标

一、民航运输业市场化改革的原因

民航运输业市场化改革是指在民航运输业引入竞争，建立竞争的、开放的、规范的、有序的民航运输市场，通过市场机制对民航运输资源进行优化配置，并实现提高效率、降低民航运输价格、促进社会经济发展的目的。

20世纪70年代以来，世界范围内的民航运输业市场化改革浪潮，是各方面力量综合作用的结果，民航运输业市场化改革的原因可以概括为以下几个方面：

（一）自由主义思潮为民航运输业的市场化改革提供了思想基础

20世纪70年代，特别是1974~1975年的经济危机，意味着西方国家经济的高速增长被"滞胀"所取代。滞胀一般被认为是"凯恩斯主义"在西方国家长期实行的结果，在"凯恩斯主义"的影响下，实现充分就业，政府广泛应用了财政政策和货币政策来增加、调节和控制有效需求，实现功能财政，并最终导致了七八十年代的经济滞胀。此时，以哈耶克为代表的伦敦学派，以弗里德曼为代表的货币主义学派，以卢卡斯为代表的理性预期学派，以布坎南为代表的公共选择学派，以及以拉弗和费尔德斯坦为代表的供给学派等新自由主义思想迅速崛起。他们针对凯恩斯主义的理论缺陷和处理经济危机的无力，提出以私有化、自由化、市场化为核心的经济理论和政策主张，这就形成一股强大的新自由主义思潮，并在欧美国家占据上风，国家干预主义的思想遭到抛弃。1979年撒切尔夫人与1980年罗纳德·里根当选被认为新自由主义支配地位的官方标志，1990年"华盛顿共识"的提出，标志着新自由主义经济理论的政治化。在新自由主义思潮的作用下，人们修正了市场与政府之间的关系：市场失灵源于市场机制的不完善，但市场失灵的解决不能依靠政府，而要依靠市场机制的自我完善。信息技术的不断发展提高人们解决市场失灵的能力。同时，国家的经济干预会产生"政府失灵"。而且，政府失灵的损失会大于市场失灵的损失。同时，权力和资源被政府控制，而公众没有能力纠正政府失灵。因此，政府失灵会产生更为严重的灾难性后果。

（二）放松规制理论的发展是民航运输业市场化改革的直接原因

20世纪70年代，基于现实中政府规制失灵现象的频繁出现，反对政府规制的呼声日益高涨，学者们针对这些现象提出了"政府失灵理论"和"管制俘虏理论"，并以相关理论为基础，对规制的成本和收益进行了比较，发现政府规制不但成本非常高昂，而且经常没有实现预期目的，有时甚至会对经济发展造成负面影响。如政府规制导致了企业内部的无效率，并产生了以高昂的规制成本和大量的寻租行为为特征的规制失灵。之后，20世纪70年代出现了"管制俘虏理论"，进一步揭示了政府规制的实质，并动摇了政府规制的基础。组成政府的政治家和公务员同样是理性人，都有其各自的私欲，也都以追求自身利益最大化为行为准则。因此，提供公共物品的公共部门总是倾向于浪费或滥用资源，公共部门的支出存在着规模过大和效率较低的问题。

（三）自然垄断理论的发展是民航运输业市场化改革的间接原因

20世纪80年代以来，随着自然垄断理论的最新发展，尤其是"可竞争理论"的诞生，政府规制的边界被缩小，政府规制的基础也随之发生动摇。随着市场需求、市场容量、替代竞争以及技术进步等因素的不断变化，自然垄断的边界成为可变的，原来的自然垄断产业也开始转化为竞争性产业，部分强自然垄断产业则转化为弱自然垄断产业。这样，一些国家就开始放松其对自然垄断产业的规制,实行市场化改革。对于民航运输业而言,经济和技术的迅速发展,不但提高了飞机的安全性和经济性能,而且降低了航空公司的运营成本。民航运输业的自然垄断特征正在不断地变化和淡化,从而使得民航运输业整体上由强自然垄断逐渐向弱自然垄断转变,而且某些民航运输业务出现竞争性特征,因此,进行市场化改革就成为必要。

(四)激励性规制理论为民航运输业市场化改革提供了手段

市场失灵对政府规制的需求和传统的政府规制的缺陷,促进了激励性规制理论的诞生。激励性规制的基本原则在于:在提供政府激励和减少激励成本之间进行权衡,根据激励的强度设计与之相协调的成本补偿机制,对被规制企业施加竞争压力和提供提高内部效率的激励。而激励性规制的具体内容包括:其一,为提升被规制企业的生产效率,可以提高现有企业所承担成本的比例,给予被规制企业高强度的激励机制;其二,赋予被规制企业更多的定价自由,使其尽量能够按照市场原则进行经营。针对民航运输业自然垄断的特点,各国政府采取多种形式对其进行规制。如前文所述,各国对民航运输业的规制主要包括价格规制、进入规制、航线准入规制、投资规制、所有权规制、需求规制[①]、普遍服务性规制、技术标准制定规制以及资源利用规制等形式。而激励性规制理论的诞生和发展,也为民航运输业放松规制的市场化改革提供了手段。采用的激励性规制手段则包括特许投标制、价格上限规制、区域间竞争和社会契约制度等。

二、民航运输业市场化改革的目标

综观中国民航运输业市场化改革的历程,结合民航运输业市场化改革的动因,民航运输业市场化改革的目标可以归纳为形成合理票价、增加民航供给和提高市场绩效。

---

① 需求规制是指政府为保障飞行安全,就旅客资格以及携带物品等方面对旅客所进行的规制。

（一）形成合理票价

与一般商品的价格一样，机票价格同样在民航运输业市场中发挥着配置民航运输资源的作用。就民航运输业的市场化改革而言，票价管理体制自然也是其改革的核心。纵观民航业历次的改革历程，票价管理体制经历了国家定价、有浮动的国家定价、政府指导价、最高限价管理、票价与油价联动机制、多级票价体系、幅度管理价格政策。从这些价格管理政策的形式和内容中，不难看出民航票价改革的核心目标是发挥机票价格的市场调节作用，规范民航机票的销售行为，完善机票价格的管理办法，从而逐步建立起政府宏观调控下的依靠市场形成合理机票价格的民航机票价格管理体制。

（二）增加民航供给

民航运输服务的需求与经济发展存在密切的关系：一方面，随着国民经济的发展和居民收入水平的提高，民航运输安全、快捷、通达、舒适等特点，使其需求呈现大众化、多样化的趋势；另一方面，民航运输业作为高资本、高技术密集和最具发展潜力的新兴产业，其对区域经济和国民经济发展的贡献包括直接产出、提供就业机会以及对其他相关产业的乘数效应和波纹效应[①]。有关统计表明：民航投入与国民经济回报之间的比例大约是1:8。民航运输业与其他相关产业结合起来，形成了极强的经济推动力，促进了区域经济的快速发展。近年来，增长迅速的民航需求和民航运输业对国民经济的推动作用为民航运输业发展提供了新的机遇，加快了民航运输业的发展，增加民航供给已经成为必不可少的战略选择。而民航运输业历次市场化改革的基本目标就是改善民航业的外部环境、理顺民航监管体制和调整民航经济结构，扩大民航运输的规模，增加民航供给。

---

① 波纹效应作为一种物理学现象，是指两个重叠的线条形态产生干扰，进而生成的波纹团。

（三）提高市场绩效

伴随着历次民航业的市场化改革，中国的民航企业和民航运输业经历了从无到有、不断改革和完善的过程，在此过程中，整个民航业监管体制不断变化，行业竞争的引入和规范，市场进入规制和投资规制改革带来的产权重组以及公司治理的完善等方面的改革都是以提高企业绩效和市场绩效为目标的。因此，民航运输业市场化改革的最终目标是通过改善民航运输业的外部环境、完善民航监管体制、改革投资体制、调整进入规制以及放松价格规制，实现民航运输业的有效竞争，构建民航运输业合理的市场结构，规范民航运输企业的市场行为，从而提高航空公司的企业绩效和民航运输业的市场绩效。

第三节 民航运输业市场结构的变迁

一、市场集中度

市场集中度是对整个产业的市场结构集中程度的测量指标，它用来衡量企业的数目和相对规模的差异。市场集中度是决定市场结构最基本、最重要的因素，集中反映了特定产业的市场竞争和垄断程度，经常使用的集中度计量指标包括：市场份额、市场绝对集中度（CRn）、赫芬达尔—赫希曼指数（HHI指数）等。中国的国有航空公司和地方非直属航空公司成立于1984~1994年这十年间，经过这一时期民航运输业成为相对独立的产业，结合民航业的市场化改革历程，中国民航运输业的市场化改革主要包括1997~2002年和2002年至今两个阶段。因此，采用市场份额、市场绝对集中度和赫芬达尔—赫希曼指数三个指标对民航运输业1998~2010年的市场集中度进行分析。

(一) 市场份额

市场份额指单个企业的销售量（或销售额）在所属产业中所占的比重，直接表明了企业在产业中或市场上所处的地位。表3-1、表3-2、表3-3分别列出了主要航空公司总周转量、旅客运输量和货邮载运量三项运输生产指标的市场份额。

表3-1 1994~2010年主要航空公司总周转量的市场份额

单位:%

年份	东方	南方	国际	西南	北方	西北	云南	新疆	厦门	上海	山东	海南	深圳	四川	新华
1994	15.30	17.20	28.20	9.13	8.28	4.14	2.49	3.95	3.27	2.00	10^{-5}	0.99	0.61	1.58	0.44
1995	14.10	16.80	27.00	9.20	8.65	4.54	2.58	3.77	3.25	2.48	0.004	1.22	0.95	1.43	0.99
1996	13.50	16.80	25.30	8.91	8.08	4.95	3.01	3.79	3.09	2.51	0.34	1.47	1.16	1.59	1.20
1997	14.90	17.30	25.70	7.98	7.33	4.61	3.43	3.35	3.03	2.35	0.58	1.74	1.18	1.57	1.21
1998	16.64	20.60	25.95	6.60	6.57	4.12	3.71	3.21	/	2.88	0.69	2.02	1.15	1.67	1.39
1999	17.40	18.49	27.85	6.63	6.12	3.98	3.86	3.05	/	2.86	0.93	2.48	1.12	1.84	1.27
2000	17.51	19.82	27.06	5.55	5.84	3.73	3.01	3.05	/	3.21	1.08	3.10	1.23	1.88	1.15
2001	16.81	21.49	24.49	5.57	6.00	3.55	3.18	2.68	/	3.58	1.29	5.19	1.72	2.03	/
2002	16.90	21.92	24.59	5.71	5.32	3.12	2.78	2.62	/	3.82	1.52	5.53	2.24	2.00	/
2003	17.02	20.85	30.45	/	5.34	2.48	2.60	2.52	/	4.11	1.53	6.39	2.87	1.91	/
2004	18.78	20.19	29.23	/	5.02	2.63	2.53	2.36	/	4.07	1.48	6.79	2.93	2.12	/
2005	20.61	27.88	28.48	/	/	/	/	/	/	4.19	1.61	7.13	3.22	2.48	/
2006	22.58	26.39	30.00	/	/	/	/	/	/	4.79	1.80	7.33	3.49	2.61	/
2007	21.12	25.32	27.84	/	/	/	/	/	/	5.38	1.65	6.21	3.87	2.55	/
2008	19.16	24.42	25.98	/	/	/	/	/	/	5.31	1.67	6.11	4.73	2.60	/
2009	18.52	23.57	24.10	/	/	/	/	/	/	5.06	1.79	7.01	5.19	3.09	/
2010	23.40	24.33	26.55	/	/	/	/	/	/	4.51	1.77	6.55	4.45	3.04	/

注：新华航空从2001年开始并入海南航空，西南航空从2003年开始并入国航，西北航空和云南航空从2005年开始并入东方航空，北方航空和新疆航空从2005年开始并入南航。

资料来源：《中国民航统计资料汇编（1949~2000）》、《从统计看民航》（2002~2011）。

表3-2 1994~2010年主要航空公司旅客运输量的市场份额

单位:%

年份	东方	南方	国际	西南	北方	西北	云南	新疆	厦门	上海	山东	海南	深圳	四川	新华
1994	13.90	24.50	13.30	10.80	8.88	5.20	3.61	2.23	5.31	2.68	10^{-7}	1.50	0.83	2.10	0.57
1995	12.80	22.90	12.60	10.70	9.47	5.13	3.98	2.08	5.11	3.12	10^{-5}	1.96	1.21	1.83	1.24
1996	11.70	22.00	12.00	10.20	8.79	5.54	4.55	2.20	4.52	3.11	0.54	2.22	1.41	1.88	1.59
1997	12.40	21.50	11.60	9.59	8.36	5.56	5.12	2.46	4.83	3.06	1.11	2.85	1.52	1.93	1.68
1998	14.63	25.85	11.26	8.25	7.81	4.94	5.75	2.24	/	3.70	1.21	3.52	1.56	2.05	1.97
1999	14.13	24.07	10.98	8.08	7.21	4.89	7.14	2.20	/	3.52	1.66	4.33	1.52	2.27	1.94
2000	13.35	24.53	11.99	7.52	7.72	5.11	5.13	2.49	/	4.10	1.98	5.53	1.64	2.30	1.83
2001	13.78	25.41	12.35	7.12	7.36	4.58	5.05	2.09	/	4.41	2.03	7.77	2.11	2.27	/
2002	13.42	23.83	12.32	7.34	7.15	4.11	4.58	2.13	/	4.71	2.53	7.85	2.98	2.37	/
2003	13.75	23.77	20.61	/	6.64	3.32	4.30	2.45	/	4.83	2.60	8.62	4.00	2.54	/
2004	14.60	23.48	20.21	/	6.29	3.62	3.83	2.36	/	4.73	2.48	9.03	3.97	3.01	/
2005	17.56	31.91	20.03	/	/	/	/	/	/	4.91	2.75	9.26	4.15	3.46	/
2006	21.93	30.82	21.27	/	/	/	/	/	/	4.69	3.16	9.01	4.50	3.68	/
2007	21.08	30.63	20.06	/	/	/	/	/	/	4.68	2.89	8.03	5.12	3.64	/
2008	19.34	30.25	18.77	/	/	/	/	/	/	4.61	2.82	7.47	6.21	3.48	/
2009	19.11	28.75	17.91	/	/	/	/	/	/	4.65	2.87	7.56	6.56	3.98	/
2010	24.26	28.56	22.42	/	/	/	/	/	/	4.45	3.02	6.96	6.16	3.99	/

表3-3 1994~2010年主要航空公司货邮载运量的市场份额

单位:%

年份	东方	南方	国际	西南	北方	西北	云南	新疆	厦门	上海	山东	海南	深圳	四川	新华
1994	18.00	22.30	23.10	9.62	6.44	3.87	2.39	2.16	4.57	2.24	10^{-7}	0.81	0.58	1.84	0.32
1995	17.40	20.70	22.70	9.46	6.97	4.69	2.31	2.02	4.66	2.92	10^{-5}	1.08	0.84	1.74	0.61
1996	16.10	20.70	20.50	9.47	6.91	5.29	3.06	2.02	4.56	4.56	0.25	1.30	0.99	1.88	0.84
1997	16.20	20.40	20.40	8.59	6.40	5.13	4.52	1.99	4.25	3.04	0.41	1.88	0.94	1.99	0.94
1998	17.10	25.31	19.37	7.37	5.70	4.66	5.12	1.92	/	4.41	0.47	1.90	0.73	2.32	1.08
1999	18.27	22.67	21.17	6.36	5.38	4.70	4.55	1.86	/	4.82	0.68	2.66	0.90	2.75	0.96
2000	17.75	22.34	21.16	6.66	5.74	4.13	3.98	1.78	/	5.71	0.89	3.09	1.08	2.70	0.97
2001	17.66	23.26	21.05	6.09	5.35	3.66	4.07	1.19	/	5.83	1.10	3.94	1.46	2.61	/
2002	17.06	23.29	21.09	5.20	5.01	3.27	3.30	1.34	/	6.38	1.24	4.21	2.05	2.46	/
2003	20.99	21.77	25.76	/	4.65	2.57	2.77	0.99	/	6.59	1.14	4.93	2.38	2.51	/
2004	23.98	19.97	24.04	/	4.11	2.72	2.70	0.91	/	6.95	1.08	5.18	2.47	2.73	/
2005	25.28	26.06	28.85	/	/	/	/	/	/	6.74	1.25	5.29	2.71	3.11	/

续表

年份	东方	南方	国际	西南	北方	西北	云南	新疆	厦门	上海	山东	海南	深圳	四川	新华
2006	25.56	23.43	29.17	/	/	/	/	/	/	7.64	1.45	5.69	3.06	3.29	/
2007	23.39	21.70	27.47	/	/	/	/	/	/	7.95	1.51	4.93	3.47	3.00	/
2008	21.82	20.48	24.04	/	/	/	/	/	/	7.53	1.51	4.58	3.96	3.26	/
2009	21.19	19.35	21.86	/	/	/	/	/	/	6.44	1.47	5.30	4.39	3.31	/
2010	26.02	19.85	23.93	/	/	/	/	/	/	4.88	1.46	5.02	4.06	3.02	/

从表 3-1、表 3-2、表 3-3 可以看出，1998 年前，大部分民航总局直属航空公司的市场份额呈下降趋势，其中，国际、西南、北方、新疆等航空公司的降幅比较明显，而大部分地方非直属航空公司的市场份额则迅速增长。1998~2003 年，三大航空公司的市场份额处于相对稳定或缓慢增长的态势，其他民航总局直属航空公司的市场份额则以更快的速度下降；地方非直属航空公司虽然所占市场份额不大，但大都呈现出明显的快速增长态势，其中，上海航空公司和海南航空公司已经接近甚至超过骨干航空公司，成为规模较大的航空公司，而深圳航空公司、四川航空公司和山东航空公司也具有一定的规模。2003~2005 年，随着三大航空公司重组的推进和完成，其市场份额得到显著的提高，当然，这三大航空公司市场份额的上升速度存在差异，这取决于其合并的航空公司的规模和市场份额，同时地方航空公司的市场份额继续以较快速度增长。2005 年后，民航运输业的市场份额整体上进入调整时期，各航空公司的市场份额在不同年份存在增减，但总体上变化不大。这是因为三大航空公司由于重组后还需要进行各方面的整合，其规模经济的效果尚未完全发挥，而地方航空公司发展所依赖的地区和人口优势已经接近充分利用的状态，其增长遭遇"瓶颈"。

（二）市场绝对集中度

市场集中度最常用的衡量指标是市场绝对集中度，是指在产业的相关市场内，前 N 家规模最大的企业的有关指标（产量、产值、销售量、销售额、资产总额、职工人数等）的市场份额的总和。根据中国民航运输业市场结构的实际情况,在表3-4中,分别选择三厂商市场绝对集中度(CR_3)和八厂商市场绝对集中度(CR_8),依次采用总周转量、旅客运输量和货邮载运量三大指标对民航运输业的市场绝对集中度进行测算。由表3-4可知,民航运输业基于总周转量、旅客运输量和货邮载运量三大指标的市场绝对集中度CR_3和CR_8均大于75%,因此,中国的民航运输业是典型的极高寡占型的市场机构[1]。

表3-4 1994~2010年民航运输业的市场集中度

单位:%

年份	三厂商市场绝对集中度(CR_3)			八厂商市场绝对集中度(CR_8)		
	总周转量	旅客运输量	货邮载运量	总周转量	旅客运输量	货邮载运量
1994	60.70	51.70	63.40	89.47	82.87	90.29
1995	57.90	48.30	60.80	87.31	80.70	89.50
1996	55.60	45.70	57.30	84.42	77.89	88.09
1997	57.90	45.50	57.00	84.60	77.19	85.89
1998	63.19	51.74	62.17	87.40	82.19	89.43
1999	63.74	49.19	62.11	87.38	80.03	87.92
2000	64.39	49.87	61.26	85.81	80.88	87.48
2001	62.78	51.54	61.97	86.68	83.43	86.93
2002	63.40	49.57	61.44	86.90	81.20	85.53
2003	68.32	58.12	68.52	89.63	85.84	90.03
2004	68.19	58.29	68.00	89.53	85.80	89.66
2005	76.97	69.50	80.20	95.60	94.03	99.30
2006	78.97	74.02	78.16	99.00	99.05	99.29

---

[1] 根据美国经济学家贝恩和日本通产省对产业集中度的划分标准,市场结构可分为寡占型($CR_8 \geq 40$)和竞争型($CR_8 < 40\%$)。其中,寡占型又细分为极高寡占型($CR_8 \geq 70\%$)和低集中寡占型($40\% \leq CR_8 < 70\%$);竞争型又细分为低集中竞争型($20\% \leq CR_8 < 40\%$)和分散竞争型($CR_8 < 20\%$)。

续表

年份	三厂商市场绝对集中度（CR₃）			八厂商市场绝对集中度（CR₈）		
	总周转量	旅客运输量	货邮载运量	总周转量	旅客运输量	货邮载运量
2007	74.28	71.77	72.57	93.95	96.12	93.43
2008	69.56	68.36	66.34	89.97	92.95	87.17
2009	66.19	65.77	62.39	88.33	91.38	83.30
2010	74.27	75.23	69.79	94.59	99.80	88.24

注：①三厂商包括东方航空、南方航空和国航。
②八厂商选取了其他民航直属航空公司和地方航空公司各指标在不同年份前8位数值。
资料来源：《中国民航统计资料汇编（1949~2000）》、《从统计看民航》（2002~2011）。

1998年之前，民航运输业基于总周转量、旅客运输量和货邮载运量三大指标的市场绝对集中度CR_3和CR_8均显著下降，这与这一时期民航运输业放松规制的市场化改革存在着密切的联系。在这次改革过程中，1992~1996年，民航总局先后批准了9家航空公司的成立和筹建，而同时投入运营的航空公司也有9家。航空公司数量的增加和地方非直属航空公司市场份额的迅速增长，使产业集中度下降。1998~2002年，民航运输业的市场集中度整体上比较稳定，但是较1998年之前的市场绝对集中度有显著提高，这是源于民航总局在这一时期实施的鼓励和引导航空公司兼并的"大公司、大集团"战略。2003~2006年，各指标表示的市场绝对集中度处于增长态势，这是根据2002年的《民航体制改革方案》所进行的三大航空运输集团重组的直接结果。2007年至今，民航运输业的市场绝对集中度在维持2002年市场化改革效果的基础上进入一个新的调整时期，不同年份的市场绝对集中度或有增减，虽总体上变动趋势不显著，但是各年的变动幅度较大，这与民航运输业市场化改革的深入有着密切的联系。上述变化过程可以通过图3-1、图3-2、图3-3得到更为直观的反映。

第三章 民航运输业的市场化改革实践

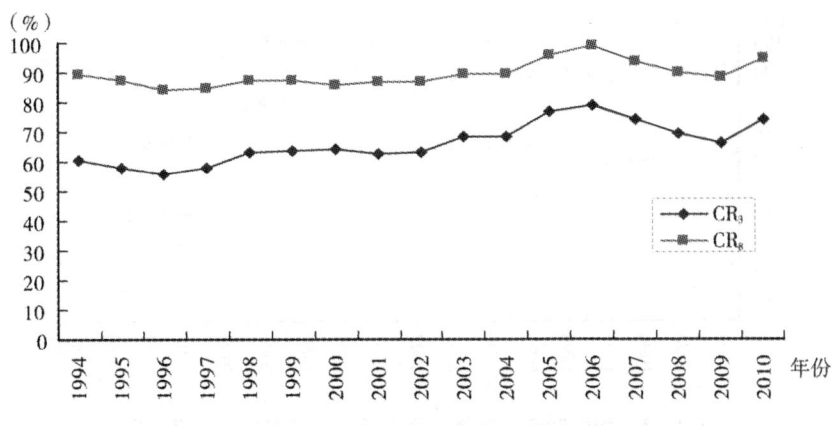

图3-1 总周转量衡量的民航运输业的市场绝对集中度

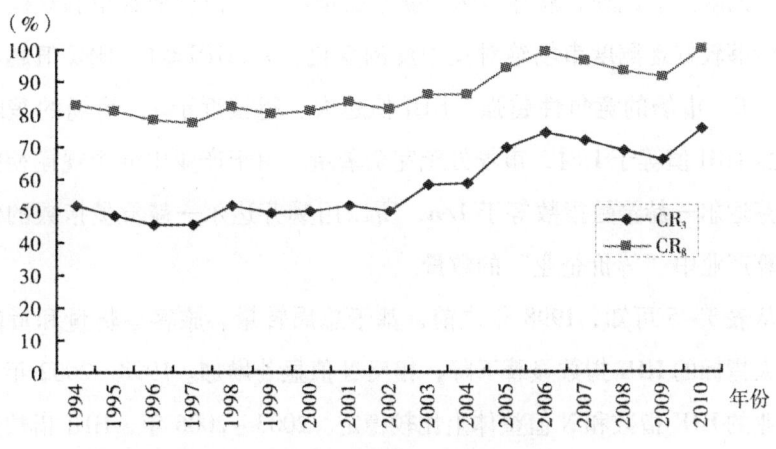

图3-2 旅客周转量衡量的民航运输业的市场绝对集中度

（三）赫芬达尔—赫希曼指数

赫芬达尔—赫希曼指数（Herfindahl - Hirschman Index，HHI），简称赫芬达尔指数，是指一个产业中各市场竞争主体所占产业总产量（销售额、增加值等）百分比的平方和，是一种测量市场集中度的综合指数。由于该指数对产业中规模较大企业的市场份额反应比较敏感，而对小企业的市场份额变化反应很小，因而，该指数兼有绝对集中度和相对集中度指标的优点，并避免

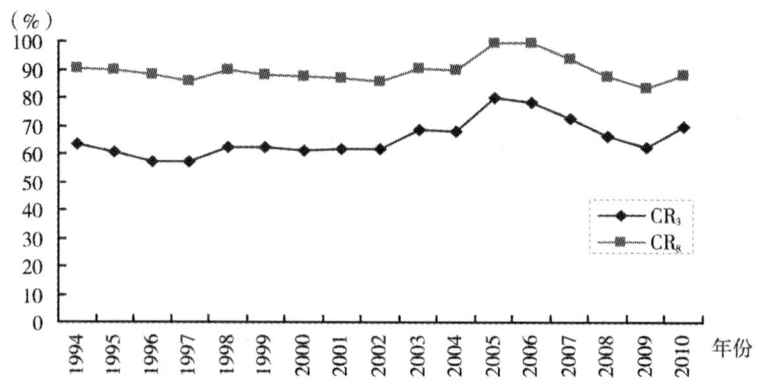

图 3-3 货邮载运量衡量的民航运输业的市场绝对集中度

了它们的缺点。此外,赫芬达尔—赫希曼指数不易被企业数量和规模分布影响,能够较好地测度市场绝对集中度的变化。$0 < HHI \leq 1$,HHI 值越小、越接近于 0,市场的竞争性越强;HHI 值越大、越接近于 1,市场的垄断性越强;当 HHI 值等于 1 时,市场处于完全垄断。由于产业中 n 个规模相同企业的赫芬达尔—赫希曼指数等于 $1/n$,所以用赫芬达尔—赫希曼指数的倒数 N 来计算产业中"等价企业"的数量。

从表 3-5 可知,1998 年之前,基于总周转量、旅客运输量和货邮载运量三大指标的 HHI 指数显著下降,相反 N 值显著增加。1998~2002 年,民航运输业的 HHI 指数和 N 值整体上比较稳定。2003~2006 年,HHI 指数处于增长态势,而 N 值处于下降态势。2007 年至今,民航运输业的 HHI 指数和 N 值总体上的变动趋势不显著,不同年份的 HHI 指数和 N 值或有增减,但是各年的变动幅度较大。可见,中国民航运输业 1994~2010 年的 HHI 指数和 N 值的变动趋势与之前的市场绝对集中度的变动基本一致,反映了不同阶段民航运输业市场化改革对市场结构的影响。更为直观的变化趋势见图 3-4 和图 3-5。

第三章 民航运输业的市场化改革实践

表3-5 1994~2010年民航运输业的HHI指数和N值

年份	总周转量		旅客运输量		货邮载运量	
	HHI	N	HHI	N	HHI	N
1994	0.1521	6.58	0.1234	8.10	0.1530	6.53
1995	0.1415	7.07	0.1119	8.93	0.1434	6.98
1996	0.1298	7.71	0.1018	9.82	0.1315	7.60
1997	0.1343	7.44	0.0993	10.07	0.1274	7.85
1998	0.1502	6.66	0.1209	8.27	0.1478	6.77
1999	0.1541	6.49	0.1104	9.05	0.1431	6.99
2000	0.1530	6.53	0.1123	8.91	0.1405	7.12
2001	0.1463	6.83	0.1200	8.33	0.1425	7.02
2002	0.1486	6.73	0.1109	9.01	0.1400	7.15
2003	0.1753	5.70	0.1355	7.38	0.1682	5.95
2004	0.1718	5.82	0.1347	7.42	0.1659	6.03
2005	0.2100	4.76	0.1874	5.34	0.2243	4.46
2006	0.2205	4.53	0.2030	4.93	0.2166	4.62
2007	0.1954	5.12	0.1919	5.21	0.1884	5.31
2008	0.1736	5.76	0.1777	5.63	0.1580	6.33
2009	0.1594	6.27	0.1658	6.03	0.1403	7.13
2010	0.1939	5.16	0.2038	4.91	0.1720	5.81

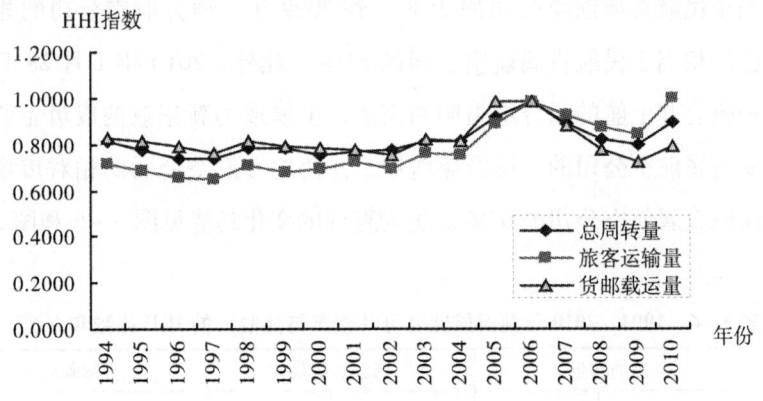

图3-4 1994~2010年民航运输业的HHI指数

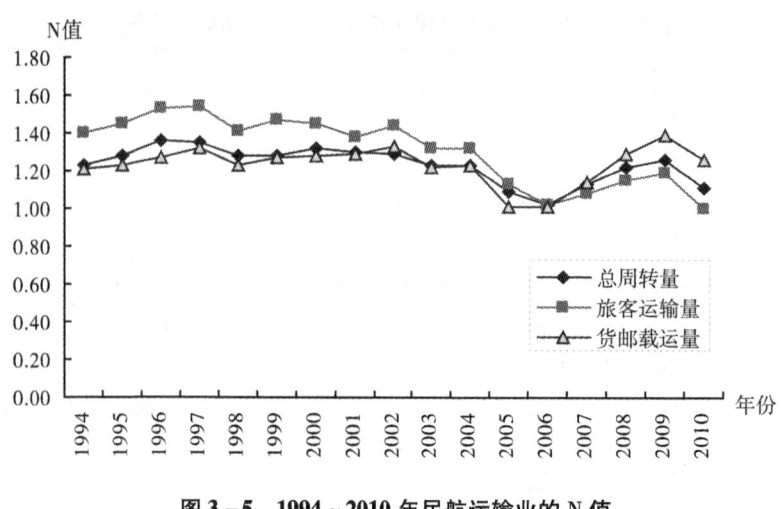

图 3-5 1994~2010 年民航运输业的 N 值

鉴于中国民航运输业的实际情况，将民航总局直属航空公司看作一个整体，而将其他所有地方航空公司看作另一个整体，计算相应的 HHI 指数和 N 值，见表 3-6。从表 3-6 中可以看出，民航直属航空公司虽然一直处于垄断地位，但其垄断势力明显下降，而同时地方航空公司的市场势力却在不断增强，并对民航直属航空公司形成一定的竞争压力。以总周转量为例，1994 年的中国民航运输业的市场相当于被 1.25 个企业瓜分，地方航空公司的市场势力相当于民航直属航空公司的 25%。到 2009 年，地方航空公司的相对市场势力已经相当于民航直属航空公司的 81%。此外，2010 年 1 月 28 日，东航换股吸收合并上航的联合重组顺利完成，上航成为新东航的成员企业。这使得民航直属航空公司的市场份额增加，并使地方航空公司的相对市场势力相当于民航直属航空公司的 62%。更为直观的变化趋势见图 3-6 和图 3-7。

表 3-6 1994~2010 年两类航空公司（直属与其他）的 HHI 指数和 N 值

年份	总周转量		旅客运输量		货邮载运量	
	HHI	N	HHI	N	HHI	N
1994	0.7994	1.25	0.7102	1.41	0.7870	1.27

续表

年份	总周转量		旅客运输量		货邮载运量	
	HHI	N	HHI	N	HHI	N
1995	0.7685	1.30	0.6759	1.48	0.7628	1.31
1996	0.7358	1.36	0.6456	1.55	0.7319	1.37
1997	0.7394	1.35	0.6414	1.56	0.7262	1.38
1998	0.7797	1.28	0.6889	1.45	0.7730	1.29
1999	0.7794	1.28	0.6648	1.50	0.7444	1.34
2000	0.7530	1.33	0.6550	1.53	0.7251	1.38
2001	0.7280	1.37	0.6539	1.53	0.7048	1.42
2002	0.7172	1.39	0.6238	1.60	0.6747	1.48
2003	0.6954	1.44	0.6235	1.60	0.6739	1.48
2004	0.6889	1.45	0.6190	1.62	0.6617	1.51
2005	0.6454	1.55	0.5761	1.74	0.6824	1.47
2006	0.6679	1.50	0.6154	1.63	0.6586	1.52
2007	0.6179	1.62	0.5948	1.68	0.6018	1.66
2008	0.5765	1.73	0.5674	1.76	0.5534	1.81
2009	0.5524	1.81	0.5497	1.82	0.5307	1.88
2010	0.6178	1.62	0.6273	1.59	0.5783	1.73

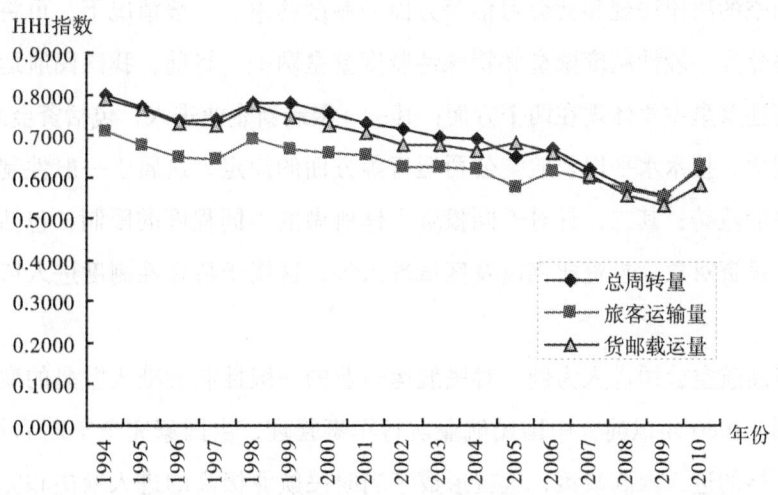

图 3-6 1994~2010 年两类航空公司（直属与其他）的 HHI 指数

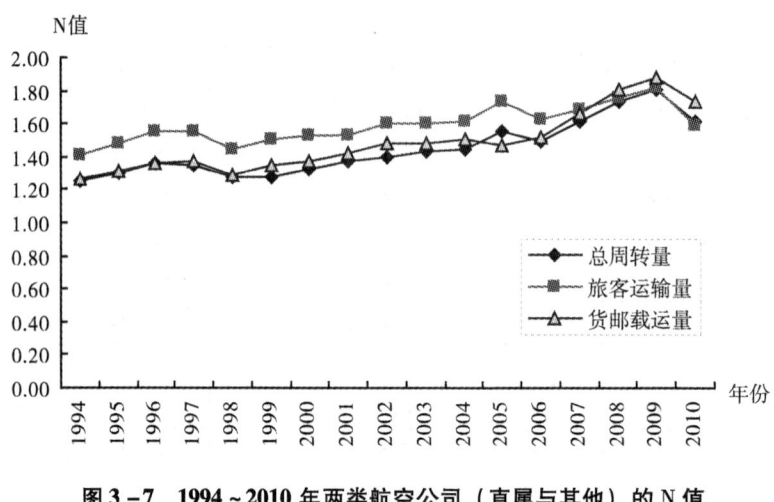

图3-7 1994~2010年两类航空公司(直属与其他)的N值

二、进入壁垒

(一) 制度性壁垒

制度性壁垒是制度性进入壁垒的简称,是指潜在进入者进入某一特定产业所面临的法律法规和社会习俗等方面的制度约束。一般情况下,可将制度性壁垒分为一般性制度壁垒和特殊性制度壁垒两类。目前,我国民航运输业的制度性壁垒主要体现在两个方面:其一,限制新企业进入,包括资金来源、资金规模、技术水平以及航空公司运行等方面的规定,这属于一般性制度进入壁垒的范畴;其二,针对不同投资主体所做的不同程度的限制,包括资源利用、投资对象、投资比例以及区域准入等,这属于特殊性制度进入壁垒的范畴。

以新航空公司进入为例,对民航运输业的一般性制度准入壁垒的变化进行说明。1980年以前,中国民航业实行军事管理,由国家完全垄断和控制,实行严格的进入限制政策,这就形成了当时民航业极高的进入壁垒和完全垄断的市场结构。1980~1996年,中国民航业结束军事管制,放松对航空公司的进入规制,允许地方兴办航空运输企业,因此,这一时期大批航空公司成立,先后共计20多家。这就在一定程度上大大降低了民航运输业的进入壁垒。1997~2002年,由于当时国内外竞争压力的增大,民航运输业提高了进入门槛,实行严格的进入规制,从而提高了进入壁垒,其间民航总局只批准了中国邮政航空公司一家企业进入。2003年以来,中国民航运输业又开始实行放松的进入规制,鼓励和支持民营投资主体进入民航运输业,并批准了春秋、吉祥、华夏、鹰联、奥凯、东星等航空公司的成立,这意味着中国民航运输业制度性进入壁垒的空前降低。

(二) 经济性壁垒

1. 规模经济壁垒

跟其他高资本、高技术密集产业一样,民航运输业具有规模经济的特点,从一定程度上讲,机队规模、航线规模、航班规模和营销网络是航空公司平均成本下降的关键。以飞机拥有量为例,同一系列的飞机达到25架左右才会出现规模经济效益,而对于新进入的企业而言,购买25架飞机所需要的资金就成为其进入民航运输业的进入壁垒。

表3-7列举了1998~2010年三大航空公司的飞机拥有量,从中可见,2003年之前,三大航空公司拥有的飞机数量在整个民航运输业中的比例不断下降,说明这一时期民航运输业的进入壁垒有下降的趋势。而2003年以后,三大航空公司的飞机架数不仅在绝对量上逐年增加,其拥有的飞机数量在整个民航运输业中的比例也逐年增加,这意味着这一时期民航运输业的进入壁垒不断提高。但是与美国、英国、德国等国相比,在整体上,中国的航空公司规模经济不显著,竞争力较弱,这是因为:其一,机队规模比较小;其二,尚未真正形成航空枢纽,无法有效利用航线的规模经济。

表3-7　1998~2010年三大航空公司的飞机拥有量

年份	1998	1999	2000	2001	2002	2003	2004	2005	2006	2007	2008	2009	2010
民航运输业飞机架数（架）	402	384	460	566	602	664	754	863	998	1134	1259	1417	1597
三大航空公司飞机架数（架）	227	227	242	294	315	360	470	617	739	789	844	909	1170
三大航空公司飞机占比（%）	56.5	59.1	52.6	51.9	52.3	54.2	62.3	71.5	74.1	69.6	67.0	64.2	73.3

2. 绝对成本优势壁垒

绝对成本优势是指与潜在的进入厂商相比，现有厂商在任何规模或产量下能够以更低的平均成本来生产经营相同的产品或服务。在任何产出上均保持较低的平均总成本。绝对成本优势来源包括：控制了关键性生产要素的供给，控制了产品的销售渠道，拥有具有特殊经营能力和其他技术专长的人才，拥有专利权和优势技术等。就民航运输业而言，由于特殊资源所引起的进入障碍更为直接和明显，因而，民航运输业的绝对成本优势壁垒主要体现在特殊资源方面，而民航运输业的特殊资源主要指航线经营权、航班时刻和专业人才等。下面以航线经营权为例，对民航运输业市场化改革前后绝对成本优势壁垒的变化进行分析。

1996年出台的《中国民用航空国内航线和航班经营管理规定》规定，航线经营的审批者是民航总局，由于当时审批手续的繁琐，造成审批过程非常长，这就使得航空公司想方设法通过包机、加班等渠道挤进无法获批的热门航线的经营，而不愿意经营偏冷的航线。这样，每年两次召开的国内航线经营许可会议就成为各大航空公司为争夺优良航线资源而各显神通的场所。从2003年起，民航总局开始逐步放松对国内航线经营许可的规制，并于2006年3月20日起开始实施《中国民用航空国内航线航班经营许可规定》，放松了国内航线航班的市场准入，大幅度放开了国内航线经营权，取消了航空公司经营的地域限制。此外，把区域内航线经营的权限下放到地方民航分局，民航总局只保留了对 20 个吞吐量已经趋于饱和的航线的管理权。2010 年，民航总局又进一步出台了《关于进一步改革国内航线经营许可和航班管理的办法》，通过分类管理①和分级管理②进行航线经营许可和航班管理。

虽然到目前为止仍然存在比较严格的核准管理，但是随着中国民航运输业市场化改革的不断推进，航线经营权管理规制总体上处于一个不断放松的过程。相应地，由航线经营权垄断所形成的三大航空公司的特殊资源和绝对成本优势正在不断下降，这就造成民航运输业进入壁垒的不断降低。

3. 产品差别化

产品差别化是指企业在为消费者提供商品或服务的过程中，为形成竞争优势，想方设法形成能够将其商品或服务与其他同类商品或服务进行有效区别的特殊性。为应对国内外竞争，航空公司通过构建的产品差别化优势，可以提高顾客忠诚度，形成航空公司的竞争优势，但这同时会形成潜在进入者和新进入者的产品差别化进入壁垒。

就中国民航运输业而言，各航空公司为应对国内外竞争，已经从最初的"纷纷打折"的价格竞争方式转变为通过实施产品差别化以提高服务质量和形成竞争优势的竞争方式。但是目前，中国民航运输业的差别化竞争仍然处于比较低级的阶段，三大航空公司航空运输服务的同质化现象仍然存在，三大航空公司在管理水平、创新能力、企业文化以及品牌传播上都比较相近。这就造成航空服务从内容到形式的大同小异，从购买机票、办理登机手续、乘机到达目的地，除了航空公司品牌、飞机涂装、空乘人员的服装不同外，乘机人的飞行体验没有差别。相较而言，新兴的民营和低成本航空公司，如

---

① 所谓"分类管理"，是指涉及北京、上海（虹桥/浦东）、广州三大城市四个机场的航线经营许可和航班为核准或登记管理；其他航线经营许可和航班为登记管理；货运航线经营许可和航班为登记管理。

② 所谓"分级管理"，是指民航局负责对涉及北京、上海和广州三大城市四个机场际的航线经营许可和航班实施核准管理，但对主运营基地设在三大城市四个机场的航空公司除三大城市四个机场间的航线经营许可和航班实施核准管理外，其他机场往返三大城市四个机场际的航线经营许可和航班实施登记管理。

春秋、奥凯、吉祥等民营航空公司的航空运输服务更有特点。因此，航空公司从物质、包装、核心以及附加四个层面综合形成产品特色，则可以形成比较理想的竞争差异。

第四节　民航运输业市场行为的变迁

一、价格行为

1992年以前，中国民航运输票价实行的是政府定价，由物价局与民航局共同管理。1992年，开始允许航空公司的民航运输价格上下浮动10%，物价局和民航局合作分工管理，票价及其浮动幅度与航空邮件价格归物价局管理，折扣票价和省区内航线票价的公布与货运价格归民航局管理。1996年3月1日以来，根据《价格法》和《民用航空法》，开始实行政府指导价，而管理体制方面则以民航总局为主，国家计委为辅。1997年7月1日，民航运输业进行了票价并轨，为实现"国民待遇"而取消了境内外旅客的机票价格差别，并进一步于同年11月开始实施"一种票价、多种折扣"的政策，这实质上是政府对民航运输价格规制的放松。但由于当时民航运输产品的"同质化"和较高的需求交叉价格弹性，航空公司并未建立起多级机票价格体系，并导致了民航运输企业群体性的大幅度降低票价，结果造成了业内的恶性竞争。于是，1998年5月，民航总局对机票价格打折幅度和代理费进行限制，严格禁止航空公司的机票打折行为，收回航空公司的定价权利，但实际上并没有起到限制打折的目的。1999年1月，国家计委和民航总局发出了《关于加强国内航线票价管理，制止低价竞销行为的通知》，这虽然在表面上限制了航空运输企业的低价竞销行为，却使得航空公司开始采用散客充团、促销奖励等更为隐蔽的价格竞争方式，并增加了政府的监管成本。鉴于此，2000年初，民航总局的"航线联营"政策开始在107条航线上全面实施。虽然这一政策控制了全部航线的四到六成，对于限制民航运输业的恶性竞争起到了一定的积极作用，但同时也大幅度地提高了政府的规制成本和航空公司之间的交易成本。自2000年10月1日起，民航运输业开始放松其对支线机票价格实行最高票价不超过公布票价10%的最高限价管理。2001年3月8日，民航总局宣布在7条国内航线上放开机票价格，实行多等级的飞机舱位，票价则明折明扣。2002年2月，民航总局又进一步完善了国内航线的团体票价政策，并于同年6月开始对国内航线的团体票价实施幅度管理，最大的优惠幅度是30%。2004年3月22日，国务院批准的《民航国内航空运输价格改革方案》规定允许航空公司自行制定具体票价种类、水平、适用条件，票价上浮幅度和下浮幅度分别不超过基准价的25%和45%的范围，并对三类特殊航线（约占国内航线总数的60%）实施更为灵活的票价政策。虽然这一方案还不够完善，但却是在民航总局与航空公司机票定价脱钩的基础上制定的，意味着民航总局对机票价格真正放松规制。而且，价格上限规制实际上属于激励性规制，有利于航空公司在提高内部效率的基础上参与国内外竞争。

总之，随着民航市场化改革的推进，民航运输价格逐步地走向市场化，而航空公司的价格行为也正逐步走向理性。表3-8给出了中国民航运输业1998~2010年的民航运输价格和主营业务利润率。

表3-8 1998~2010年民航运输业机票价格变动

年份	1998	1999	2000	2001	2002	2003	2004	2005	2006	2007	2008	2009	2010
票价（元/吨千米）	5.12	5.94	7.41	7.99	6.87	7.43	7.32	7.98	8.69	8.86	9.29	8.32	7.36
主营业务利润率	-5.30	12.43	9.87	12.33	15.14	12.84	19.69	15.20	12.88	15.05	4.37	10.38	16.81

二、企业组织调节行为

企业组织调节行为是指某一特定行业内企业之间的兼并、合并以及联合等行为。在中国民航运输业的市场化改革之初，主要是新的航空公司的组建和成立。当时，中国的民航运输需求增长迅速，即使有新的航空公司成立也难以满足不断增长的需求，新企业只要进入，就有市场，并且不需要很大的生产规模，就可以实现盈利。但是，随着新的航空公司进入数量的增加，出现了民航运输供给的过剩，造成较为激烈的市场竞争。同时，由于民航运输业的资产专用性造成的高退出壁垒和航空公司产业退出渠道的不畅，民航总局为减少市场中航空公司的数量、缓解市场竞争压力，开始鼓励和支持航空公司之间的兼并。

自 1996 年起，在整个民航运输业竞争激烈、供给过剩以及产业利润率下降等情况的存在下，一些经营困难的航空公司在严峻的市场竞争压力下，开始寻找途径以退出市场。1997 年，民航总局明确提出了实施"大公司、大集团"的战略，鼓励和引导航空企业的兼并，实现产业结构合理化，并进一步解决民航运输业存在的民航企业规模小、数量多、竞争力弱以及民航运输业产业结构不合理等问题。1997~2002 年，共发生了 11 起航空公司之间的兼并与重组，形成了民航运输业的兼并重组浪潮。这次重组兼并浪潮包括南航与中原航空、东航与长城航空、东航与武汉航空、西北航空与南京航空、北方航空与天鹅航空、东航与通航、南海与贵航、中航与浙江航空、海航与长安航空、海航与新华航空、南航与厦门航空等。此次兼并重组浪潮，一方面是民航运输市场逐步发育成熟的结果，另一方面是民航总局鼓励和支持的结果。

随着对外开放的深入和中国经济体制改革的推进，民航直属航空公司不仅面临着国外航空公司和其他交通运输方式的竞争压力，还面临着地方航空公司日益激烈的市场竞争。同时，航空公司的规模不经济和网络不经济日益突出,从而使得民航总局开始尝试通过产业重组扩张航空公司的企业规模、减少民航运输企业的数量、构建较强的垄断性市场结构以缓解竞争压力。2002年1月23日,《民航体制改革方案》应运而生,按照该方案对民航总局直属的9个航空公司以政企分离为目标进行联合重组,成立了中国国际航空集团公司、中国东方航空集团公司和中国南方航空集团公司三家大型航空运输集团公司,具体情况见表3-9。

表3-9 2002年重组后三大航空集团公司的基本情况

三大航空集团公司	成员公司	成立时间	飞机架数	航线规模	总部所在地	员工人数
中国国际航空集团公司	中国国际航空公司	1988.7.1	68	164	北京	11000
	中国西南航空公司	1987.10.15	39	175	成都	80000
	中航浙江公司	1986	8	45	杭州	—
中国东方航空集团公司	中国东方航空公司	1988.6.25	93	203	上海	13900
	中国西北航空公司	1989.12.6	30	91	西安	5000
	中国云南航空公司	1992.7.28	26	86	昆明	4500
中国南方航空集团公司	中国南方航空公司	1991.2.1	129	371	广州	13000
	中国北方航空公司	1990.6	68	145	沈阳	7900
	中国新疆航空公司	1985.1.1	34	56	乌鲁木齐	4800

资料来源:秦占欣.中国民航运输业政府管制改革研究[D].西北大学,2004.

通过此次联合重组,民航运输业的市场结构发生了显著的变化,寡头垄断的市场结构得到强化,产业集中度得到提高。首先,至2005年重组完成后,三大航空公司总周转量、旅客运输量和货邮载运量较2004年分别增加8.77%、11.2%和12.2%,三大指标的HHI指数分别为0.2100、0.1874、0.2243,三大指标的N值分别为4.76、5.34、4.46。其次,原来的9家航空公司重组为3家航空公司,使得主干航线上的市场集中度得以提高。最后,三大航空公司通过重组拥有了多个飞行基地,这有利于三大航空公司构建轴心—轮辐式的民航运输网络,促进网络经济效应的有效发挥,提高航空公司的经营效率和民航运输业的市场绩效。

此外，2002年以来，民航运输业还发生了11起航空公司之间的兼并与重组。这些重组兼并包括东航与上海航空，四川航空与东北航空、国航与东星航空、海南航空与山西航空等。

三、服务竞争

民航运输业的服务竞争包括为消费者提供更加细致的服务、拓展营销和服务网络、优化航班时刻、完善联航服务等。随着民航市场化改革的推进以及民航运输价格的市场化，航空公司之间进入服务竞争的阶段，积极提高服务质量。重组前，航空公司之间的竞争以各种各样、或明或暗的非理性的折扣价为主，服务作为民航运输业竞争主要手段的地位并未得到应有的重视。民航重组后，随着航空公司民航运输价格的逐步理性，航空公司必须在降低整体运营成本的同时提升服务的质量和增加服务的内容，以缓解价格竞争压力和提高消费者满意度。以南航为例，近年来在打造国际化规模网络型航空公司的过程中，南航始终坚持服务战略，提供服务战略。从2007年的"优质服务年"、2008年的"品牌服务年"、2009年的"品牌服务提升年"、2010年的"品牌服务推广年"、2011年的"品牌服务创新年"，到2012年的"国际品牌服务年"，每年一个主题，引领公司集中注意力，解决不同时期服务工作的突出问题，不断改善服务薄弱环节。通过各种创建活动的推进，南航整体的服务意识和服务水平不断迈上新的台阶。

四、新技术竞争

民航运输业作为技术密集型产业，航空公司之间的竞争自然也围绕新技术展开。具体而言，民航运输业的新技术主要体现在飞机和信息网络技术两个方面。目前，中国航空公司大多已经引进了国外制造的现代化飞机，有些还是国际上最先进的机型。同时，伴随着信息技术的发展，持续应用新技术已经成为民航运输业的核心竞争力，民航运输业成为信息网络技术运用方面最领先的行业之一。早在20世纪60年代，美国的航空公司就开始使用计算机进行航班管理。20世纪70年代，民航运输业开始采用通信的网络技术和计算机，实现机位座位的预定和机场旅客信息的处理。20世纪80年代，通过利用广域网，民航运输业拓展了分销渠道和分销网络，形成了强大的民航分销系统。进入21世纪，互联网迅速发展，民航的继配销售和旅游服务成为互联网和电子商务领域最成熟的业务和应用。目前，在中国航空公司进行新技术竞争的同时，中国民航运输市场作为最具有发展潜力的市场，已经成为世界主要航空公司互相竞争的重点。因此，中国民航运输企业只能依靠信息化和充分利用信息网络技术，提高运营和管理水平，改善服务质量，打造核心竞争力。

综上所述，中国民航运输以监管体制改革、竞争引入和规范、产区重组以及公司治理调整等方面的内容为核心的市场化改革的目标在于：形成合理票价、增加民航供给和提高市场绩效。民航运输业的市场化改革不仅造成了以市场集中度和进入壁垒为代表的市场结构的变迁，还导致了价格行为、企业组织调节行为、服务竞争以及新技术竞争等市场行为的变迁。这些市场结构和市场行为的变化无疑都会带来民航运输业市场化改革绩效的改变。

第四章 民航运输业市场化改革绩效评价体系的构建

构建民航运输业市场化改革绩效评价体系的目的在于比较民航运输业市场化改革前后民航运输业企业绩效、行业绩效、市场绩效的变化,全面衡量民航运输业的市场化改革绩效,检验民航运输业完善价格机制、提高行业供给水平、改善服务质量、控制垄断利润、形成合理的市场结构、规范市场竞争行为、提高资源配置效率、维护公共利益、提升社会福利等目标的实现程度,从而为改革各参与方及相关方了解民航运输业的运行状况、存在的问题以及变化趋势提供信息,尤其是为改革部门修正改革政策提供依据,这对民航运输业的科学管理和健康发展具有重要意义。为了科学地、全面地、准确地衡量民航运输业的市场化改革绩效,着眼于航空公司的微观研究视角,遵循民航运输业的市场化改革绩效评价体系的设计原则,以形成合理票价、增加民航供给、改善市场绩效的民航运输业市场化改革目标为导向,结合产业组织理论的产业绩效评价理论,从机票价格、服务总量和市场绩效三个维度构建民航运输业市场化改革绩效的评价体系。

第一节 市场化改革绩效的界定

对市场化改革绩效的界定是评价市场化改革效果的前提基础。源于 20 世纪 70 年代的自然垄断产业的市场化改革，实际上是对自然垄断产业进行放松规制的改革，引入民间资本、建立竞争机制、形成自然垄断产业市场化和民营化的市场化改革正是以放松规制为基调。同时，这也带来了概念的混乱，就国内的理论研究而言，广泛存在着"规制效果"、"规制绩效"、"规制改革绩效"、"市场化改革效果"、"改革效果"、"改革绩效"等概念。首先，这些概念的含义是基本一致的，其内涵主要体现于放松规制的市场化改革效果；其次，不同概念因其理论依据有所差异而有所侧重，"规制效果"、"规制绩效"、"规制改革绩效"等以规制理论为基础，强调规制的变迁和效果，而"市场化改革效果"、"改革效果"、"改革绩效"等则以改革为核心；最后，衡量指标由于不同概念含义的侧重和研究方法的差异，尚未形成比较成熟的、完整的评价体系。

就目前的自然垄断产业改革而言，实际上是一个放松规制的规制改革过程，而这种改革的核心正是市场化，因此，着眼于"市场化改革"，以市场化改革效果的评价为研究内容。从语言学的角度来看，"绩效"含有成绩和效益的意思，是绩与效的组合。"绩"就是业绩，体现主体（企业、行业）的目标；"效"就是效率、效果、态度、品行、行为、方法、方式，是一种行为，体现的是主体的成熟度目标。在经济管理活动中，绩效是指社会经济管理活动的结果和成效。因此，跟"效果"相比，"绩效"更加准确。

在对相关概念进行归纳和综合的基础上，提出"市场化改革绩效"。具体来说，"市场化改革绩效"是指自然垄断产业基于规制放松理论、以市场化为核心的改革，在经历监管体制改革、竞争引入和规范、产权重组和公司治理调整等一系列改革后，由于市场结构的调整、市场行为的改变等变化，所导致的以形成合理票价、提高产量和改善市场绩效为核心的市场化改革绩效。这一概念具有下列特点：其一，着眼于市场化改革；其二，强调绩效；其三，以改革目标为导向；其四，以自然垄断产业的整体绩效为核心。

第二节　民航运输业市场化改革绩效评价体系的评价目的与设计原则

一、民航运输业市场化改革绩效评价体系的评价目的

自然垄断产业的市场化改革是当前的国际潮流，许多国家纷纷将市场化引入自然垄断产业改革中，试图降低相关产品和服务的价格，提高相关行业的供给水平，改善相关企业和行业的绩效，为促进经济发展释放能量和提供低成本平台，进而增强其国际竞争力。

众所周知，资源稀缺性、规模经济或范围经济等原因形成了自然垄断，由于自然垄断企业目标的双重性、信息不对称的存在以及市场失灵时常发生，自然垄断产业就成为政府规制的主要对象。但是，在政府规制的过程中，也存在诸多问题：信息不对称的存在很容易使政府对自然垄断产业的规制流于形式，缺乏效果；垄断企业依靠垄断地位获得的高利润，使其内部缺乏提高效率的动力，外部没有参与竞争的压力；政企不分使政府规制难以中立，极易形成寻租等。民航运输业作为典型的自然垄断产业，自然也不例外，这些问题同样存在于民航运输业中。

而民航运输业市场化改革的目的就在于克服上述问题，从而能够完善价格机制、提高行业供给水平、改善服务质量、控制垄断利润、形成合理的市场结构、规范市场竞争行为、提高资源配置效率、维护公共利益、提升社会福利等。因此，可将市场化改革的目标归纳为形成合理票价、增加民航供给、改善市场绩效。

虽然目前国内外学者对自然垄断产业的市场化改革展开了讨论，但对市

场化改革绩效的研究却相对不足。经合组织（OECD）采用规制指数来衡量整个自然垄断产业的规制程度，该指数可以间接反映市场化改革程度。经合组织数据显示，1987~2007 年，美国的规制指数①从 3.4 下降到 1.8，英国从 4.7 下降到 0.9，日本从 5.1 下降到 2.2。这说明各国通过市场化改革放松其对电信、电力、天然气、邮政、铁路、民航和公路等部门的规制。随着竞争力量的引入，市场化改革的推进，自然垄断产业的绩效得到明显的、普遍的改善，美、英、日等发达国家自然垄断产业的市场化改革取得了显著效果。但是，规制指数不能反映某一具体自然垄断产业（如民航运输业）的市场化改革绩效。目前，大部分国内外学者以产业指标为基础，将总量、价格、成本、服务质量、利润和行业竞争力等指标中的一个或多个指标作为衡量市场化改革绩效的标准，但尚未形成成熟的、完整的评价体系。因此，制定一套科学的、规范的、完善的民航运输业市场化改革绩效评价体系就成为迫切的需要。

民航运输业市场化改革绩效评价体系是对市场化改革进行系统评价，在对影响各改革效果的一系列指标的分析、研究和计算的基础上，确立的评价指标体系，并对指标体系进行定量分析，从而对民航运输业的市场化改革进行科学评价。

构建民航运输业市场化改革绩效评价体系的目的在于比较民航运输业市场化改革前后民航运输业企业绩效、行业绩效、市场绩效的变化，全面衡量民航运输业的市场化改革绩效，检验民航运输业完善价格机制、提高行业供给水平、改善服务质量、控制垄断利润，形成合理的市场结构、规范市场竞争行为、提高资源配置效率、维护公共利益、提升社会福利等目标的实现程度，从而为改革各参与方及相关方了解民航运输业的运行状况、存在的问题以及变化趋势提供信息，尤其是为改革部门修正改革政策提供依据，这对民

---

① 规制指数（Indieators of Regulation in Energy, Transport and Communications, ETCR），是由经合组织用电信、电力、天然气、邮政、铁路、民航和公路七个部门的长期时间序列数据，从进入壁垒、公有制程度等方面对各国做出的抽样调查统计得出。

航运输业的科学管理和健康发展具有重要意义。

二、民航运输业市场化改革绩效评价体系的设计原则

为了保证民航运输业市场化改革绩效评价体系的科学性、规范性和完整性，在指标体系设计过程中应该遵循以下基本原则：

（一）评价指标的选取要客观，遵循科学性原则

在建立民航运输业市场化改革绩效评价体系时，所采用的各个评价指标要具有科学性，能够客观地反映被评价对象各方面的因素构成，反映各要素间实质性的逻辑关系，即评价体系要能比较客观和真实地反映民航运输业市场化改革绩效的影响因素，能较好地反映民航运输业的市场化改革绩效。从而保证所采用指标要能科学反映民航运输业市场化改革的实际情况，客观地评价民航运输业的市场化改革绩效。

（二）评价指标的选取要有针对性，遵循实用性原则

构建民航运输业市场化改革绩效评价体系的目的在于全面、客观地评价民航运输业市场化改革的效果，因此，评价指标的选取要有针对性，要有明确的目的，要以民航运输业市场化改革的目标为导向，将评价指标与评价目标密切相连。在具体的指标选取过程中，要针对形成合理票价、增加民航供给和改善市场绩效的改革目标，选择评价指标，使市场化改革绩效的评价体系更加实用。

（三）评价体系的内容要全面、综合，遵循整体性原则

民航运输业市场化改革绩效评价体系所选取的指标必须涉及影响民航运输业市场化改革绩效的各种因素，要能全面反映民航运输业市场化改革绩效各影响因素的综合特征；否则，不能完整地反映民航运输业的市场化改革

绩效。

（四）评价体系的结构要合理，遵循层次性原则

民航运输业市场化改革绩效评价体系要形成一个层次分明的有机整体，可分解为若干个层次。具体而言，要在统计规范的指导下，精简次要评价指标，选择大小合适的评价指标，避免评价指标之间的重叠，使评价体系的结构更加合理、内部逻辑更加严谨。

（五）评价指标要易获得，遵循可操作性原则

构建民航运输业市场化改革绩效评价体系要遵循可操作性原则，兼具改革绩效评价的实用性和行动上的可行性。所选取评价指标的数据要易获得，并且可观察和可计量。可观察是为了保证资料的客观、连续和全面，可计量是为了保证评价指标体系能够比较精确地评价民航运输业市场化改革的改革绩效。

第三节 民航运输业市场化改革绩效的评价标准

构建民航运输业市场化改革绩效评价体系的目的在于检验民航运输业市场化改革是否实现了合理票价、增加民航供给以及改善市场绩效等改革目标。鉴于民航运输业市场化改革绩效与市场绩效之间存在的密切关系，以改革目标为导向，结合产业组织理论对市场绩效的评价标准，从机票价格、服务质量和市场绩效三个维度构建了民航运输业市场化改革绩效的评价标准。

一、产业组织理论对市场绩效的评价标准

在现代产业组织理论中，市场绩效的评价标准主要包括资源配置效率、

技术效率、技术进步效率和生产效率四个基本要素。

资源配置效率是指在既定的技术水平下，各投入要素对各产出主体进行分配所产生的效益。资源配置效率作为经济学的核心研究内容，其含义主要包括三个层面：宏观层面的资源配置效率指社会资源的资源配置效率，可通过整个社会的经济制度安排而实现；中观层面的资源配置效率指行业资源的资源配置效率，可通过整个行业的规制或竞争实现；微观层面的资源配置效率指企业资源的资源配置效率，可通过企业内部生产管理和生产技术的提高来实现。产业组织理论中所指的资源配置效率是广义的、宏观层面的资源配置效率，是市场绩效最为重要的衡量指标，主要从消费者效用满足的程度和企业生产效率高低的角度，以社会整体福利水平的最大化（最优的资源配置）为目标，研究经济资源的利用状况。然而只有在完全竞争的市场条件下，经济资源才能够实现最优的配置状态，而在资源配置效率有待提高的自然垄断产业中，我们需要判断和衡量资源配置效率的实际状况。在经济学中，经常采用消费者剩余、生产者剩余和社会总剩余来反映和衡量社会经济资源的配置状况。而在产业组织理论中，常用的评价资源配置效率的指标主要有产业利润率、勒纳指数和贝恩指数以及托宾 q 值。

技术效率又被称为产业规模结构效率，是指产业经济规模的实现程度，主要体现了企业规模能力的有效利用程度、产业内达到最佳经济规模企业的比重以及产业经济规模和规模效益的实现程度。因此，产业规模结构效率既反映了产业内单个企业的规模经济[①]水平，也与产业内企业之间分工协作水平的程度和效率密切相关。在自然垄断产业中，只有当少数企业存在时，单个企业才有可能实现有效规模，并同时使产业内少数企业拥有市场势力。这样，就形成通过竞争提高资源配置效率和实现规模经济之间的矛盾，即"马歇尔困境"。因此，在分析技术效率时，要想从市场结构的角度衡量社会经

---

① 规模经济通常是指产品的单位成本随着规模即生产能力的提高而逐渐降低的规律。规模经济可分为产品规模经济、工厂规模经济、企业规模经济和产业规模经济四个层次。

济资源的配置状况,即从规模经济的角度衡量市场绩效,就必须对具体产业的实际情况进行具体的分析。在产业组织理论中,通常采用企业的最小经济规模(MES)评价产业的技术效率。在实证研究中,成本法、利润分析法、适者生存法以及工程技术法是判断企业是否达到最小经济规模的方法。

技术进步具有非常丰富的含义,有广义和狭义之分。广义的技术进步是指资本和劳动以外所有能够促进经济增长的因素。狭义的技术进步是指生产中的发明、创新和技术转移等。技术进步广泛存在于产品差别、企业兼并、经济规模与产业集群等市场结构和市场行为的各个方面。因此,在产业组织理论中,技术进步效率是指由于科技含量的提高而带来的产出成效,用以反映现有资源有效利用的能力。因而,技术进步效率作为动态经济效率的衡量指标,也是反映市场绩效的重要指标。通常情况下,技术进步效率有余值法和全要素生产率法两种衡量方法。其中,余值法是索洛根据柯布—道格拉斯生产函数建立起来的用来计算技术进步对经济增长贡献率的方法;而全要素生产率法由于方法简单、可控性强、所需要的数据便于获得等优点而得到广泛的使用。

生产效率是指在固定投入量下,生产过程的实际产出与最大产出两者之间的比率。生产效率可以用来衡量最大产出、预定目标或是最佳营运服务的实现程度,也可以用来反映经济个体在成本、收入、产出量以及利润等目标方面的绩效。在生产效率的衡量和评价中,广泛采用的方法是使用计量经济模型研究投入和产出之间的关系。

二、民航运输业改革绩效与市场绩效的关系

第一,市场化改革所导致的市场绩效的改变直接影响着民航运输业的市场化改革绩效。在民航运输业的市场化改革过程中,改革内容涉及竞争的引入和规范、产权重组、公司治理调整以及监管体制改革等方面,这些改革内容既可以通过提高企业绩效而改善市场绩效,也可以通过改变市场结构和市

场行为而改善市场绩效。因此,自然民航运输业市场化改革的成败与否、改革效果如何、改革绩效怎样,都需要通过改革前后市场绩效的变化来体现。

第二,市场绩效的提高是民航运输业市场化改革绩效的核心目标。民航运输业市场化改革的目标在于形成合理票价、增加民航供给和改善市场绩效。而合理票价的形成源于规范的市场竞争行为和完善的监管体制,民航供给的增加则有赖于企业绩效的提高和市场绩效的改善。

第三,改革前后市场绩效的变化并不等同于市场化改革绩效。根据主流的产业组织理论的观点,民航运输业的市场绩效源于民航运输业市场结构和市场行为,民航运输业市场绩效的高低和优劣是民航运输业市场结构是否合理和民航运输业市场行为是否规范的体现和结果。

然而,在民航运输业中,还存在市场结构和市场行为以外的其他的影响市场绩效的因素,而这些因素未必与改革相关,如反映宏观经济景气水平的GDP、原油价格等。同时,市场绩效的改善也不是民航运输业市场化改革的唯一目标。因此,在民航运输业市场化改革绩效的衡量和评价中,必须将与改革不相关的影响民航运输业市场绩效的因素进行控制,使评价结果更加科学、更准确地反映民航运输业的市场化改革绩效。

总之,市场绩效直接影响着民航运输业的市场化改革绩效,是民航运输业市场化改革绩效的核心,改革前后市场绩效的变化可以体现民航运输业市场化改革绩效的变化趋势,但是改革前后市场绩效的变化并不等同于市场化改革绩效,要仔细辨析两者之间的关系。

三、民航运输业市场化改革绩效的评价标准

民航运输业作为网络型基础产业,其市场化改革的目标主要在于提高产业绩效和实现社会福利的最大化。从国内外学者选取的衡量民航运输业以及其他自然垄断行业市场化改革绩效标准来看,主要包括总量、价格、成本、服务质量、利润和行业竞争力等指标。其中,周转量、旅客运输量、货邮载

运量、飞行里程、飞行时间等总量指标，是社会整体福利水平的体现，是民航运输业市场化改革绩效评价的基本指标。价格作为联系民航运输业供求双方的纽带，具有配置民航资源的基础性作用，机票价格水平的合理与否直接影响着航空公司的利润和消费者的福利，是民航运输业市场化改革绩效评价的关键指标。成本、利润、服务质量、竞争力等市场绩效方面的评价指标，是民航运输业市场化改革绩效评价的核心指标。因此，为了科学地、全面地、准确地衡量民航运输业的市场化改革绩效，应着眼于航空公司的微观研究视角，遵循民航运输业的市场化改革绩效评价体系的设计原则，以形成合理票价、增加民航供给、改善市场绩效的民航运输业市场化改革目标为导向，结合产业组织理论的产业绩效评价理论，从机票价格、服务总量和市场绩效三个维度构建民航运输业市场化改革绩效的评价体系。

第一，民航运输业基于机票价格的改革绩效评价标准。机票价格是民航运输业供求关系的反映，机票价格作为联系民航运输业供求双方的纽带，一方面，它具有配置民航资源的基础性作用，形成竞争性的市场机票价格一直是民航运输业市场化改革的关键内容；另一方面，机票价格的合理与否直接影响着航空公司的利润和消费者的福利，如何在两个利益集团之间进行权衡，增进社会整体福利水平，是民航运输业市场化改革的关键目标。因此，机票价格是民航运输业市场化改革绩效评价的关键指标，在此单独将其作为民航运输业市场化改革绩效评价体系的一个维度进行衡量。

第二，民航运输业基于服务总量的改革绩效评价标准。民航运输业的服务总量是民航运输业的产量，不但是民航运输业生产能力的体现，而且是社会整体福利水平的体现。因此，服务总量是民航运输业市场化改革绩效评价的基本指标。鉴于评价指标的针对性、代表性和可操作性，为更加全面、科学地衡量民航运输业服务总量方面的市场化改革绩效，选取总周转量、旅客运输量、货邮载运量和飞行里程四个指标对民航运输业的服务总量进行评价。

第三，民航运输业基于市场绩效的改革绩效评价标准。市场绩效直接影响着民航运输业的市场化改革绩效，是民航运输业市场化改革绩效的核心，改革前后市场绩效的变化可以体现民航运输业市场化改革绩效的变化趋势。因此，市场绩效是民航运输业市场化改革绩效评价的核心指标。鉴于评价指标的针对性、代表性和可操作性，着眼于航空公司的微观研究视角，结合产业组织理论的市场绩效评价标准从资源配置效率、技术进步效率和生产效率三个方面选取评价指标对生产效率进行评价。其中，资源配置效率是指在既定的技术水平下各投入要素在各产出主体的分配所产生的效益，通常用利润率来反映；技术进步效率用全要素生产率来反映；生产效率是指在固定投入量下，实际的产出与最大的产出两者之间的比率，可用燃油消耗、客座率和载运率来反映。简言之，市场绩效包括资源配置效率（利润率）、技术进步效率（全要素生产率）和生产效率（燃油消耗、客座率和载运率）三个方面、五个评价指标。

第四节 民航运输业市场化改革绩效的评价体系

在航空公司的微观研究视角下，以形成合理票价、增加民航供给、改善市场绩效的民航运输业市场化改革目标为导向，根据产业组织理论的产业绩效评价理论，机票价格是民航运输业市场化改革绩效评价的关键指标，服务总量是民航运输业市场化改革绩效评价的基本指标，市场绩效是民航运输业市场化改革绩效评价的核心指标。因此，遵循民航运输业的市场化改革绩效评价体系的设计原则，从机票价格、服务总量和市场绩效三个维度构建民航运输业市场化改革绩效评价体系，从而科学地、全面地、准确地衡量民航运输业的市场化改革绩效。具体的民航运输业市场化改革绩效评价体系如图4－1所示。

第一，民航运输业基于机票价格的改革绩效评价指标。选用民航运输业吨千米收入表示机票价格水平，这样，机票价格就等于主营业务收入与总周

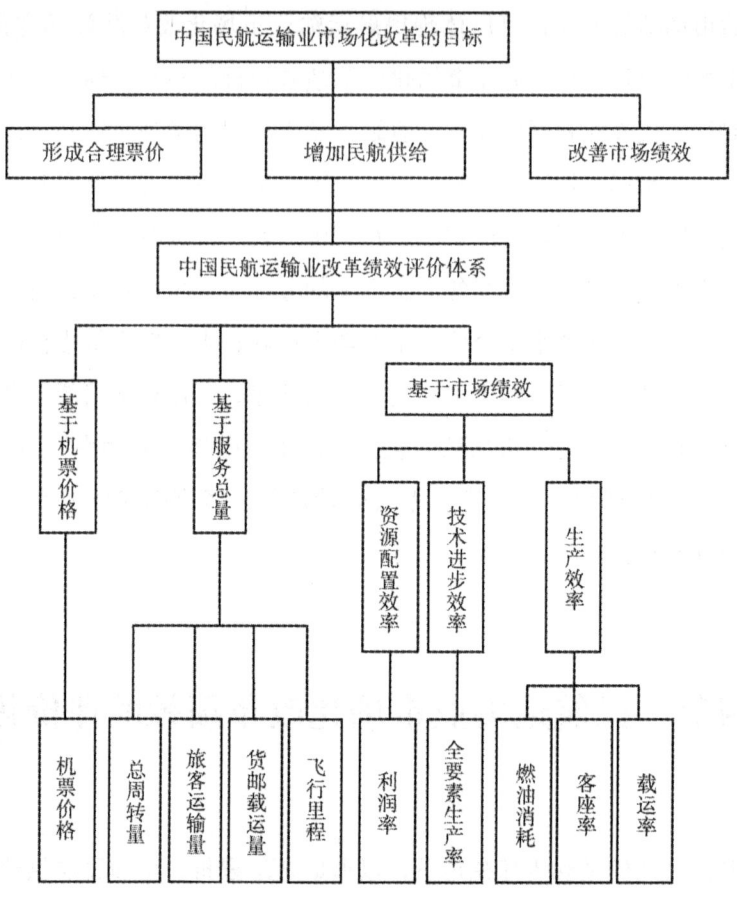

图4-1 民航业市场化改革绩效的评价体系

转量的商,单位是元/吨千米。

第二,民航运输业基于服务总量的改革绩效评价指标。选取总周转量、旅客运输量、货邮载运量和飞行里程四个指标对民航运输业的服务总量进行评价。首先,总周转量是运输量和平均运距的乘积,由货邮周转量和旅客周转量的加总得到。总周转量=货邮周转量+旅客周转量×客货换算系数。客货换算系数的大小,取决于运输1吨千米和1人千米所耗用人力和物力的多少。目前中国统计制度规定的客货换算系数,航空国内为0.072、国际为0.075。其次,旅客运输量是指在一定时期内,航空公司实际运送的旅客数量，按人计算。再次，货邮载运量是指在一定时期内，航空公司实际运送的货物数量。不论货物类别和运输距离长短，均按实际重量统计。最后，飞行里程是飞机在空中飞行两地之间的距离，单位是千米。

第三，民航运输业基于市场绩效的改革绩效评价指标。选取资源配置效率、技术进步效率和生产效率对民航运输业的市场绩效进行评价。首先，资源配置效率用利润率来反映，选择主营业务利润率代表利润率，等于主营业务利润除以主营业务收入。其次，技术进步效率用全要素生产率来反映。最后，生产效率用燃油消耗、客座率和载运率来反映。其中，燃油消耗代表航空公司飞机每吨千米航空煤油的消耗量，单位是千克/吨千米；客座率代表航空公司飞机座位的利用效率；载运率代表航空公司飞机载运能力的利用效率。

第五节 民航运输业市场化改革绩效的评价方法

一、改革变量直接赋值法

改革变量直接赋值法，是将民航运输业市场化改革的改革内容分解为不同改革变量，并进行赋值，然后以总量、价格、成本、服务质量、利润和行业竞争力等产业指标的部分指标作为民航运输业市场化改革绩效的衡量标准，研究改革变量对民航运输业市场化改革绩效影响程度的民航运输业市场化改革绩效的评价方法。这一方法最早源于 Spiller（1983），他使用货币资产价格模型从企业层面上检验了价格规制对航空公司股票价格的影响；他还运用客座率指标检验了不同市场结构下规制效果的差异。国内外学者为评价不同民航运输业市场化改革阶段的改革绩效，将民航运输业市场化改革的改革内容进行分解，并进行分别赋值，进而加总得到不同市场化改革阶段的改革参数。

然后选取总量、价格、成本、服务质量、利润和行业竞争力等指标的部分指标作为解释变量，将改革参数作为自变量，再加上人均 GDP、旅游收入等控制变量，进行多元线性回归估计，观察民航运输业市场化改革对不同民航运输业指标的影响程度。在计量分析过程中，不同民航运输业市场化改革内容的赋值是核心，国内外学者从进入规制、价格规制、法律法规、独立规制机构、规制对象的成熟度、产权改革和规制内容的规范等方面选择比较重要的规制内容进行赋值。民航运输业市场化改革内容的参数设定有 0 – 4、0 – 1、0 – 5、1 – 3 等不同的设定标准。

作为一种对民航运输业的市场化改革绩效进行直接评价的评价方法，这一方法最大的优点在于：对市场化改革变量进行深入剖析，将市场化改革内容进行分解，并分别赋值，可以同时研究不同市场化改革阶段、不同市场化改革内容对不同市场化改革绩效指标的影响程度。但同时也存在缺陷：其一，在市场化改革绩效的指标选取中，选择总量、价格、成本、服务质量、利润和行业竞争力等指标的部分指标进行衡量，没有形成统一的市场化改革绩效评价体系，因而不能全面地反映民航运输业市场化改革绩效；其二，民航运输业市场化改革内容的参数设定具有随意性，有 0 – 4、0 – 1、0 – 5、1 – 3 等不同设定标准的差异，而这种差异也必将对民航运输业市场化改革绩效的实证结果产生影响。

二、数据包络分析法

数据包络分析（DEA）作为表示产出对投入比率的线形规划模型，它通过考虑多项投入的运用和多项产出的产生，即将多项投入和多项产出分别转化为效率比率的分子和分母，比较多个提供相似服务的服务单位之间的效率。由运筹学家 A. Charnes、W. W. Cooper 和 E. Rhodes 于 1978 年首先提出。在数据包络分析中，效率评分为 100% 的单位被称为相对有效率单位，而效率评分低于 100% 的单位则被称为无效率单位。目前，数据包络分析方法被广泛应用于产业经济学的分析中,用以比较某一产业的市场绩效、技术创新绩效、能源绩效等。数据包络分析方法比较市场化某行业改革前后市场绩效的差异,从而得到该行业的市场化改革绩效。

数据包络分析方法的优点在于,通过将多项投入和多项产出分别转化为效率比率的分子和分母,而免于计算每项服务的标准成本,并不需要将不同评价指标转换成相同的货币单位;可以明确地说明投入组合和产出组合,具有综合性,因而,比简单的经营比率或利润指标更具有可信性。在市场化改革绩效的评价中使用数据包络分析方法,一方面,这意味着将市场化改革前后的市场绩效的变迁等同于市场化改革绩效,而无法将其他市场化改革的内容和目标纳入市场化改革绩效评价体系中;另一方面,这是一种通过比较市场化改革前后市场绩效差异的间接的改革绩效评价方法。

在运用数据包络分析方法的民航运输业市场化改革绩效评价中,数据可以是行业数据,也可以是微观企业(航空公司)的数据,产出指标则包括旅客运输量、货物吞吐量、货物周转量、总营业收入、总周转量等。

三、双重差分估计法

双重差分估计法(Difference – in – differences Estimation)是一种典型的评价改革效果的计量处理方法,近年来在评估政策效果方面得到了广泛的应用。

双重差分估计法的核心在于进行"双重差分",具体过程如下:首先,界定处理组和控制组,区分改革前和改革后的数据;其次,分别计算处理组和控制组改革前后绩效的变动,进行第一次"差分";最后,用处理组的绩效变动减去控制组的绩效变动,得到改革对于处理组改革绩效的净影响,进行第二次"差分"。通过"双重差分",不但得到了处理组相对于控制组的绩效差异,还对时间趋势进行了处理,使改革绩效的结果更加准确。

在双重差分模型的构造中,通常将绩效评价指标作为解释变量,用两个虚拟变量分别对改革前后与不同组别（处理组和控制组）进行区分，这样就可以将改革内生化，模型的实证检验结果也就可以表达改革的净效果，即直接地反映改革绩效。

双重差分估计法的优势在于以企业的微观数据为基础，将改革内生化，改革绩效评价指标可以灵活选择。总体上对数据的要求更高，方法更加严谨，因而计量结果更加准确。目前，还没有研究将此方法运用到民航运输业的市场化改革绩效的评价中，只是在其他自然垄断产业中存在较少的研究。

综上所述，在航空公司的微观研究视角下，以形成合理票价、增加民航供给、改善市场绩效的民航运输业市场化改革目标为导向，根据产业组织理论的产业绩效评价理论，机票价格是民航运输业市场化改革绩效评价的关键指标，服务总量是民航运输业市场化改革绩效评价的基本指标，市场绩效是民航运输业市场化改革绩效评价的核心指标。因此，遵循民航运输业的市场化改革绩效评价体系的设计原则，从机票价格、服务总量和市场绩效三个维度构建民航运输业市场化改革绩效评价体系，能够科学地、全面地、准确地衡量民航运输业的市场化改革绩效。其中，服务总量涉及总周转量、旅客运输量、货邮载运量和飞行里程四个评价指标；而市场绩效则包括资源配置效率（利润率）、技术进步效率（全要素生产率）和生产效率（燃油消耗、客座率和载运率）三个方面、五个评价指标。

第五章 民航运输业改革绩效的实证分析：机票价格

机票价格是民航运输业供求关系的反映，是民航运输业供求双方联系的纽带，机票价格的合理与否直接影响着航空公司的利润和消费者的福利，如何在两个利益集团之间进行权衡、增进社会福利是民航运输业市场化改革的重要目标。因此，单独将机票价格作为民航运输业市场化改革绩效评价体系的一个维度进行衡量就成为必要。本章使用双重差分模型，以民航公司的微观数据为基础，对民航运输业基于机票价格的市场化改革绩效进行实证研究。

第一节 检验模型的设定

一、面板数据模型

面板数据作为时间序列数据和截面数据的混合，是对不同时点的截面个体进行连续观测所得到的多维时间序列数据，面板数据主要包括两种类型：其一，个体数目少、时间长；其二，个体数目多，时间短。

面板数据模型主要包括混合回归模型、固定效应回归模型以及随机回归模型。其中，固定效应回归模型包括个体固定效应回归模型、时点固定效应回归模型以及个体时点双固定效应回归模型三种类型。类似地,随机效应回归模型也包括个体随机效应模型、时点随机效应模型以及个体时点随机效应模型三种类型。

作为近年来非经典计量经济学的重要发展方向之一,面板数据的计量理论的研究几乎涵盖了截面数据和时间序列数据分析理论与实践中所有可能出现的内容,并成为经济学研究领域被广泛使用的研究方法。这些研究领域既包括经济增长、金融、税收、技术创新等宏观经济领域,也包括就业、家庭消费、市场营销等微观经济领域。

二、基于双重差分估计法的民航运输业市场改革绩效评价模型

双重差分估计法是近年来在政策效果评估等方面被广泛应用的用于评价政府政策给作用对象带来的净影响的一种计量经济方法。

根据计量经济学的自然实验和双重差分估计法,构建民航运输业市场化改革绩效的评价模型:

$$Y_{it} = \beta_0 + \beta_1 GG + \beta_2 T + \beta_3 GG \times T + \varepsilon_{it} \tag{5.1}$$

GG 为区分处理组和控制组的虚拟变量,如果航空公司属于民航直属企业,则变量 GG 的取值为 1;而如果航空公司不属于民航直属企业,则变量 GG 的取值为 0。因此,虚拟变量 GG 衡量了民航直属航空公司和地方航空公司之间的差别,如果虚拟变量 GG 的回归系数是正的,就说明民航直属航空公司比地方航空公司的效率高。

T 为区分改革前和改革后的虚拟变量,改革后的年份,T 的取值为 1;改革前的年份,T 的取值为 0。由于民航运输业的市场化改革主要划分为 1997 ~ 2002 年和 2002 年至今两个阶段,因此,2002 年以三大航空公司重组为核心的市场化改革是改革前后的分水岭。但是由于三大航空公司在重组方式和改革历程方面是存在差异的,中国西南航空公司从 2003 年起并入中国国际航空公司,中国西北航空公司和云南航空公司从 2005 年并入中国东方航空公司,

中国北方航空公司和新疆航空公司从 2005 年并入中国南方航空公司。这样，对于中国国际航空公司，T 自 2003 年起取值为 1，之前取值为 0；对于中国东方航空公司和中国南方航空公司，T 自 2005 年起取值为 1，之前取值为 0；对于控制组的上海航空公司、海南航空公司和山东航空公司，T 自 2003 年起取值为 1，之前取值为 0。因此，虚拟变量 T 衡量了由时间因素导致的民航运输业改革绩效的差别，如果虚拟变量 T 的回归系数是正的，就说明随着时间的推移，民航运输业的市场化改革绩效提高了；反之，如果虚拟变量 T 的回归系数是负的，就说明随着时间的推移，民航运输业的市场化改革绩效下降了。

虚拟变量 $GGXY$ 是虚拟变量 GG 和虚拟变量 T 的乘积，用以衡量民航运输业市场化改革的净效应。虚拟变量 GG 衡量了不同类别航空公司之间的改革绩效差别，而虚拟变量 T 衡量了时间因素导致的民航运输业改革绩效的差别，只有虚拟变量 GG 和虚拟变量 T 的取值都为 1，即航空公司同时满足既是民航直属航空公司，数据又是民航运输业市场化改革后的，$GG \times T$ 的取值才能够是 1；否则，$GG \times T$ 的取值是 0。虚拟变量 $GGXY$ 的回归系数被称为平均处理效应，反映了民航运输业市场化改革的改革绩效，衡量了民航运输业市场化改革的净效应。因此，这个回归系数是我们关注的重点，如果回归结果是正的，就说明民航运输业的市场化改革提高了产业绩效。

具体的差分过程如下：

（1）对于控制组，$GG = 0$

改革前，即 $T = 0$，控制组改革绩效的期望值：$E(Y) = \beta_0$

改革后，即 $T = 1$，控制组改革绩效的期望值：$E(Y) = \beta_0 + \beta_2$

这样，改革前后，控制组改革绩效变动的平均值：

$DIF_1 = (\beta_0 + \beta_2) - \beta_0 = \beta_2$

（2）对于处理组，$GG = 1$

改革前，即 $T = 0$，处理组改革绩效的期望值：$E(Y) = \beta_0 + \beta_1$

改革后，即 $T = 1$，处理组改革绩效的期望值：$E(Y) = \beta_0 + \beta_1 + \beta_2 + \beta_3$

这样，改革前后，处理组改革绩效变动的平均值：

$$DIF_2 = (\beta_0 + \beta_1 + \beta_2 + \beta_3) - (\beta_0 + \beta_1) = \beta_2 + \beta_3$$

(3) 改革对于处理组改革绩效的净影响：

$$DIF = DIF_2 - DIF_1 = (\beta_2 + \beta_3) - \beta_2 = \beta_3$$

双重差分估计法的基本思路如表 5-1 所示。

表 5-1 双重差分估计法的基本思路

	改革前	改革后	差分
处理组	$\beta_0 + \beta_1$	$\beta_0 + \beta_1 + \beta_2 + \beta_3$	$DIF_2 = \beta_2 + \beta_3$
控制组	β_0	$\beta_0 + \beta_2$	$DIF_1 = \beta_2$
双重差分			$DIF = \beta_3$

为了研究的方便，令 $GGXY = GG \times T$，即用虚拟变量 $GGXY$ 替代虚拟变量 $GG \times T$。虚拟变量 $GGXY$ 的回归系数被称为平均处理效应（Average Treatment Effect），反映了民航运输业市场化改革的改革绩效，衡量了民航运输业市场化改革的净效应，因此，这个回归系数是我们关注的重点。

$$Y_{it} = \beta_0 + \beta_1 GG_{it} + \beta_2 T_{it} + \beta_3 GGXY_{it} + \mu_t + \varphi_i + \varepsilon_{it} \tag{5.2}$$

式中，β_0 是常数项；μ_t 表示在 t 时刻的时间效应的变量；φ_i 表示个体 i 不随时间变化的特征；ε_{it} 是随机扰动项。

进一步地，加上能够影响被解释变量的其他控制因素后，双重差分估计方程就变为如下形式：

$$Y_{it} = \beta_0 + \beta_1 GG_{it} + \beta_2 T_{it} + \beta_3 GGXY_{it} + \beta_4 X_{it} + \mu_t + \varphi_i + \varepsilon_{it} \tag{5.3}$$

式中，X_{it} 是影响被解释变量 Y 的其他因素。

为进一步研究民航运输业的市场化改革的绩效和时效性，将模型（5.3）进行分别修订：

$$Y_{it} = \beta_0 + \beta_1 GGXY_{it} + \beta_2 X_{it} + \mu_t + \varphi_i + \varepsilon_{it} \tag{5.4}$$

$$Y_{it} = \beta_0 + \beta_1 YEAR1 + \beta_2 YEAR2 + \beta_3 YEAR3 + \beta_4 YEAR4 + \beta_5 YEAR5 + \beta_6 X_{it} + \mu_t + \varphi_i + \varepsilon_{it} \tag{5.5}$$

三、基于机票价格的民航运输业市场化改革绩效的模型设定

根据前文的双重差分估计方法和面板数据模型的基本原理,结合民航运输业机票价格的评价指标,建立如下的基于机票价格的民航运输业市场化改革绩效的基本模型:

$$JPJG_{it} = \beta_0 + \beta_1 GG_{it} + \beta_2 T_{it} + \beta_3 GGXY_{it} + \mu_t + \varphi_i + \varepsilon_{it} \tag{5.6}$$

$$JPJG_{it} = \beta_0 + \beta_1 GG_{it} + \beta_2 T_{it} + \beta_3 GGXY_{it} + \beta_4 RYXH_{it} + \beta_5 HYJG_t +$$
$$\beta_6 LYSR_t + \beta_7 YSZZ_t + \mu_t + \varphi_i + \varepsilon_{it} \tag{5.7}$$

$$JPJG_{it} = \beta_0 + \beta_1 GGXY_{it} + \mu_t + \varphi_i + \varepsilon_{it} \tag{5.8}$$

$$JPJG_{it} = \beta_0 + \beta_1 GGXY_{it} + \beta_2 RYXH_{it} + \beta_3 HYJG_t +$$
$$\beta_4 LYSR_t + \beta_5 YSZZ_t + \mu_t + \varphi_i + \varepsilon_{it} \tag{5.9}$$

$$JPJG_{it} = \beta_0 + \beta_1 YEAR1 + \beta_2 YEAR2 + \beta_3 YEAR3 + \beta_4 YEAR4 + \beta_5 YEAR5 +$$
$$\beta_6 RYXH_{it} + \beta_7 HYJG_t + \beta_8 LYSR_t + \beta_9 YSZZ_t + \mu_t + \varphi_i + \varepsilon_{it} \tag{5.10}$$

$JPJG_{it}$ 是被解释变量,代表航空公司的机票价格,等于主营业务收入除以总周转量,单位是元/吨千米。特别要指出的是,由于各航空公司在年报中将总周转量、旅客运输量和货邮载运量等营运数据进行了公布,但三者的收入却没有被公布,这样在计算机票价格时,也就无法进行分别的计算。因此,用主营业务收入除以总周转量得到机票价格,代表民航运输业总体的价格水平。

虚拟变量 $YEAR1$、$YEAR2$、$YEAR3$、$YEAR4$、$YEAR5$ 分别代表民航运输业市场化改革后的第一、二、三、四、五年,用来研究民航运输业的市场化改革绩效的时效性。

机票价格相关变量定义与说明如表5-2所示。

表5-2 机票价格相关变量定义与说明

变量	符号	含义
机票价格	$JPJG_{it}$	航空公司i在t年的机票价格水平
改革虚拟变量	GG_{it}	航空公司i在t年实施了改革取1,否则取0
改革时期虚拟变量	T_{it}	市场化改革实施后取1,否则取0
改革效应虚拟变量	$GGXY_{it}$	改革和改革时期虚拟变量的交互项
改革后第一年	YEAR1	实施改革后的第一年取1,否则取0
改革后第二年	YEAR2	实施改革后的第二年取1,否则取0
改革后第三年	YEAR3	实施改革后的第三年取1,否则取0
改革后第四年	YEAR4	实施改革后的第四年取1,否则取0
改革后第五年	YEAR5	实施改革后的第五年取1,否则取0
燃油消耗	$RYXH_{it}$	航空公司i在t年的燃油消耗水平
航油价格	$HYJG_t$	中国在t年的航空煤油价格水平
旅游收入	$LYSR_t$	中国在t年的旅游收入
交通运输业增加值指数	$YSZZ_t$	中国在t年的整个交通运输业增加值指数

$RYXH_{it}$是控制变量,代表燃油消耗水平,用吨千米航空煤油消耗量表示,等于航空公司航空煤油消耗总量与总周转量的商,单位是千克/吨千米。

$HYJG_t$是控制变量,代表航油价格水平,单位是元/吨,是影响航空公司机票价格的经济因素。

$LYSR_t$是控制变量,代表旅游收入,是影响航空公司机票价格的经济因素。

$YSZZ_t$是控制变量,代表整个交通运输业增加值指数,是影响航空公司机票价格的经济因素。

第二节　样本的选取与数据描述

一、样本的选取与数据来源

通过分析民航运输业 2002 年改革前后机票价格的变化来反映此次民航运输市场化改革机票价格水平方面的改革绩效。采集的数据包括横向 6 个个体、纵向 11 年的时间数据。

为了评价民航运输业的市场化改革绩效，选取了目前上市的 6 家航空公司作为调查样本，并分为控制组和处理组两类。处理组是民航直属航空公司，包括中国国际航空公司、中国东方航空公司和中国南方航空公司；控制组是地方航空公司，包括上海航空公司、海南航空公司和山东航空公司。

运用的数据包括 6 家航空公司 2000~2010 年的相关数据，数据来源是各航空公司的统计年报、《中国民航统计资料汇编（1949~2000）》、《从统计看民航》（2002~2011）。

二、描述性统计

表 5-3 是 6 家航空公司 2000~2010 年有关机票价格数据的描述性统计，包括机票价格、燃油消耗、航油价格、旅游收入和交通运输业增加值指数。同时，还按照处理组和控制组的区别，分别对上述变量进行了总体、组间和组内的描述性统计。其中，航油价格、旅游收入和交通运输业增加值指数代表的是经济因素，对每个航空公司来说都是一样的，因而组间标准差是 0。

表 5-3　机票价格相关变量描述性统计

变量		均值	标准差	最小值	最大值	样本量
JPJG	总体	5.476	0.9300	3.857	7.852	N = 66
	组间		0.7740	4.889	6.609	n = 6
	组内		0.5980	4.437	7.058	T = 11
RYXH	总体	0.339	0.0535	0.220	0.480	N = 66
	组间		0.0340	0.304	0.398	n = 6
	组内		0.0434	0.233	0.445	T = 11
HYJG	总体	4223	1155.0000	2753	6440	N = 66
	组间		0.0000	4223	4223	n = 6
	组内		1155.0000	2753	6440	T = 11
LYSR	总体	7686	2617.0000	4518	12695	N = 66
	组间		0.0000	7686	7686	n = 6
	组内		2617.0000	4518	12695	T = 11
YSZZ	总体	1264	354.9000	783	1846	N = 66
	组间		0.0000	1264	1264	n = 6
	组内		354.9000	783	1846	T = 11

三、单变量检验

表 5-4　机票价格的单变量检验

组别	样本数	均值	标准误	标准差	均值之差	T TEST
控制组	33	5.9368	0.1683	0.9666	0.9216	4.6095 *** (0.0000)
处理组	33	5.0152	0.1080	0.6204		
改革前	22	5.8775	0.2110	0.9897	0.6022	2.5861 * (0.0120)
改革后	44	5.2752	0.1266	0.8399		

注：* p < 0.05，** p < 0.01，*** p < 0.001。

表 5-4 是对机票价格进行的单变量检验。首先，对控制组和处理组航空公司的机票价格进行了单变量检验，处理组航空公司的机票价格显著小于控制组。其次，对改革前后航空公司的机票价格进行了单变量检验，改革后航

空公司的机票价格低于改革前,但不显著。这表明民航运输业市场化改革在一定程度上降低了民航运输业的机票价格水平,但不显著。

第三节 实证检验结果与分析

一、实证回归结果

运用Stata12.0计量软件,以机票价格为解释变量,将中国国际航空公司、中国东方航空公司、中国南方航空公司、上海航空公司、海南航空公司和山东航空公司从2000年到2010年的面板数据分别输入模型(5.6)、模型(5.7)、模型(5.8)、模型(5.9)和模型(5.10)。其中,模型(5.6)、模型(5.7)、模型(5.8)和模型(5.9)在进行Hausman检验时接受了原假设,所以采用随机效应模型对其进行估计;而模型(5.10)在进行Hausman检验时拒绝了原假设,所以采用固定随机效应模型。回归结果如表5-5所示。

二、结果数据分析

表5-5的(1)栏报告了模型(6)的随机效应的估计值,其结果说明:民航直属航空公司的机票价格低于地方航空公司,但不显著;随着时间的推移,民航运输业的机票价格水平显著地降低了;民航运输业的市场化改革提高了机票价格水平,但不显著。表5-5的(2)栏报告了模型(7)的随机效应的估计值,其结果说明:民航直属航空公司的机票价格低于地方航空公司,但不显著;随着时间的推移,民航运输业的机票价格水平提高了,但不显著;民航运输业的市场化改革降低了机票价格水平,但不显著;燃油消耗、航油价格、旅游收入的提高显著地提高了机票价格水平,而交通运输业增加

值指数的提高显著地降低了机票价格水平。表 5-5 的（3）栏报告了模型（8）的随机效应的估计值，其结果说明：民航运输业的市场化改革显著地降低了机票价格水平。表 5-5 的（4）栏报告了模型（9）的随机效应的估计值，其结果说明：民航运输业的市场化改革降低了机票价格水平，但不显著；燃油消耗、航油价格、旅游收入的提高显著地提高了机票价格水平，而交通运输业增加值指数的提高显著地降低了机票价格水平。表 5-5 的（5）栏报告了模型（10）的固定效应的估计值，其结果说明：在民航运输业市场化改革实施后的五年里，第三年之外的其他年份的机票价格水平都降低了，但不显著；燃油消耗、航油价格、旅游收入的提高显著地提高了机票价格水平，而交通运输业增加值指数的提高显著地降低了机票价格水平。

表 5-5　机票价格的双重差分估计

模型	(6)	(7)	(8)	(9)	(10)
解释变量	JPJG	JPJG	JPJG	JPJG	JPJG
GG	-1.057	-0.574			
	(-1.65)	(-0.82)			
	[0.640]	[0.700]			
T	-0.780***	0.263			
	(-3.91)	(1.30)			
	[0.199]	[0.203]			
GGXY	0.0675	-0.343	-0.754***	-0.246	
	(0.25)	(-1.76)	(-3.75)	(-1.48)	
	[0.272]	[0.195]	[0.201]	[0.166]	
YEAR1					-0.295
					(-1.26)
					[0.233]
YEAR2					-0.0905
					(-0.39)
					[0.231]
YEAR3					0.0237
					(0.10)

续表

模型	(6)	(7)	(8)	(9)	(10)
解释变量	JPJG	JPJG	JPJG	JPJG	JPJG
					[0.231]
YEAR4					−0.0184
					(−0.07)
					[0.256]
YEAR5					−0.369
					(−1.55)
					[0.238]
RYXH		6.826***		6.923***	6.813***
		(4.01)		(4.05)	(3.98)
		[1.701]		[1.708]	[1.712]
HYJG		0.000298***		0.000297***	0.000255***
		(4.44)		(4.36)	(3.30)
		[0.0000670]		[0.0000680]	[0.0000772]
LYSR		0.000655***		0.000570***	0.000536***
		(5.19)		(5.17)	(4.56)
		[0.000126]		[0.000110]	[0.000118]
YSZZ		−0.00611***		−0.00526***	−0.00502***
		(−5.57)		(−5.73)	(−5.17)
		[0.00110]		[0.000919]	[0.000972]
_cons	6.504***	4.810***	5.704***	4.225***	4.353***
	(14.22)	(4.81)	(20.69)	(4.77)	(5.00)
	[0.457]	[0.999]	[0.276]	[0.886]	[0.871]
观测值	66	66	66	66	66
Chi-square 统计量（Prof > Chi2）	32.48 (0.0000)	147.25 (0.0000)	14.06 (0.0002)	140.60 (0.0000)	135.84 (0.0000)
组内 R^2	0.3388	0.7219	0.1672	0.7134	0.7239
组间 R^2	0.4262	0.5040	0.4193	0.3287	0.2680
总体 R^2	0.3901	0.5940	0.2789	0.4649	0.4359

注：( ) 内是 t 值；[ ] 内是标准误；*$p < 0.05$，**$p < 0.01$，***$p < 0.001$。

第四节 稳健性检验

为了检验表5-5所列的基于机票价格水平的民航运输业市场化改革绩效的回归结果的稳健性,将各航空公司改革前三年和改革后三年各项指标分别取均值,重新构建面板数据,运用Stata12.0计量软件,使用OLS估计方法,对机票价格进行了双重差分检验,分别如表5-6所示。与表5-5进行对比分析表明:研究结论并没有发生实质性变化。

表5-6 机票价格的稳健性检验

模型	(6)	(7)	(8)	(9)
解释变量	JPJG	JPJG	JPJG	JPJG
GG	-1.223	0.125		
	(-1.94)	(0.12)		
	[0.630]	[1.029]		
T	-0.499	0.349		
	(-0.79)	(0.37)		
	[0.630]	[0.938]		
GGXY	0.223	-0.897	-0.924	-0.794
	(0.25)	(-0.70)	(-1.65)	(-0.91)
	[0.891]	[1.281]	[0.559]	[0.873]
RYXH		7.918		7.458
		(1.01)		(1.19)
		[7.862]		[6.291]
HYJG		0.00577		0.00529
		(1.18)		(2.00)
		[0.00491]		[0.00265]
LYSR		-0.00403		-0.00362

续表

模型	(6)	(7)	(8)	(9)
解释变量	JPJG	JPJG	JPJG	JPJG
		(-0.94)		(-1.52)
		[0.00429]		[0.00239]
YSZZ		0.00259		0.00179
		(0.25)		(0.25)
		[0.0103]		[0.00724]
_cons	6.504***	3.987	5.930***	4.256
	(14.60)	(1.03)	(21.22)	(1.47)
	[0.446]	[3.860]	[0.279]	[2.890]
观测值	12	12	12	12

注：( ) 内是 t 值；[ ] 内是标准误；* $p < 0.05$，** $p < 0.01$，*** $p < 0.001$。

综上所述，本章使用中国国际航空公司、中国东方航空公司、中国南方航空公司、上海航空公司、海南航空公司和山东航空公司从 2000 年到 2010 年的面板数据，对民航运输业基于机票价格进行双重差分检验，其结果表明：民航运输业的市场化改革在一定程度上降低了机票价格，但并不显著；从政策的时效性上讲，民航运输业市场化改革带来了机票价格的下降，但同样不显著。这说明此次改革虽然使机票价格有所下降，但并没有带来机票价格的实质性下降，这可能是由于目前价格规制所设定的机票价格浮动下限仍然远高于市场充分竞争的价格水平，这也正是进一步市场化改革的着力点。

第六章 民航运输业改革绩效的实证分析：服务总量

民航运输业的服务总量是民航运输业的产量，是民航运输业生产能力的体现。鉴于评价指标的针对性、代表性和可操作性，为更加全面地、科学地衡量民航运输业服务总量方面的市场化改革绩效，本章使用双重差分模型，以民航公司的微观数据为基础，选取总周转量、旅客运输量、货邮载运量和飞行里程四个指标，对民航运输业基于服务总量的市场化改革绩效进行实证研究。

第一节 模型设定与变量定义

根据前文的双重差分估计方法和面板数据模型的基本原理，结合民航运输业服务总量的评价指标，建立如下的基于服务总量的民航运输业市场化改革绩效的基本模型：

$$Y_{it} = \beta_0 + \beta_1 GG_{it} + \beta_2 T_{it} + \beta_3 GGXY_{it} + \mu_t + \varphi_i + \varepsilon_{it} \tag{6.1}$$

$$Y_{it} = \beta_0 + \beta_1 GG_{it} + \beta_2 T_{it} + \beta_3 GGXY_{it} + \beta_4 LYSR_t + \mu_t + \varphi_i + \varepsilon_{it} \tag{6.2}$$

$$\ln Y_{it} = \beta_0 + \beta_1 GG_{it} + \beta_2 T_{it} + \beta_3 GGXY_{it} + \mu_t + \varphi_i + \varepsilon_{it} \tag{6.3}$$

$$\ln Y_{it} = \beta_0 + \beta_1 GG_{it} + \beta_2 T_{it} + \beta_3 GGXY_{it} + \beta_4 \ln LYSR_t + \mu_t + \varphi_i + \varepsilon_{it} \tag{6.4}$$

$$Y_{it} = \beta_0 + \beta_1 GGXY_{it} + \beta_2 LYSR_t + \mu_t + \varphi_i + \varepsilon_{it} \tag{6.5}$$

$$Y_{it} = \beta_0 + \beta_1 YEAR1 + \beta_2 YEAR2 + \beta_3 YEAR3 + \beta_4 YEAR4 +$$
$$\beta_5 YEAR5 + \beta_6 LYSR_t + \mu_t + \varphi_i + \varepsilon_{it} \tag{6.6}$$

$$\ln Y_{it} = \beta_0 + \beta_1 GGXY_{it} + \beta_2 \ln LYSR_t + \mu_t + \varphi_i + \varepsilon_{it} \tag{6.7}$$

$$\ln Y_{it} = \beta_0 + \beta_1 YEAR1 + \beta_2 YEAR2 + \beta_3 YEAR3 + \beta_4 YEAR4 +$$
$$\beta_5 YEAR5 + \beta_6 \ln LYSR_t + \mu_t + \varphi_i + \varepsilon_{it} \tag{6.8}$$

Y_{it}是被解释变量,代表航空公司的服务总量,分别是总周转量(ZZZL)、旅客运输量(LKYSL)、货邮载运量(HYZYL)和飞行里程(FXLC)。

$\ln Y_{it}$是被解释变量,代表航空公司服务总量的自然对数,分别是总周转量(ZZZL)、旅客运输量(LKYSL)、货邮载运量(HYZYL)和飞行里程(FXLC)的自然对数。

$LYSR_t$是控制变量,代表旅游收入,是影响航空公司服务总量的经济因素。

$\ln LYSR_t$是控制变量,代表旅游收入的自然对数,是影响航空公司服务总量的经济因素。

民航运输业服务总量相关变量的定义与说明,如表6-1所示。

表6-1 服务总量相关变量定义与说明

变量	符号	含义
总周转量	$ZZZL_{it}$	航空公司i在t年的总周转量
旅客运输量	$LKYSL_{it}$	航空公司i在t年的旅客运输量
货邮载运量	$HYZYL_{it}$	航空公司i在t年的货邮载运量
飞行里程	$FXLC_{it}$	航空公司i在t年的飞行里程
总周转量的自然对数	$\ln ZZZL_{it}$	航空公司i在t年总周转量的自然对数
旅客运输量的自然对数	$\ln LKYSL_{it}$	航空公司i在t年旅客运输量的自然对数
货邮载运量的自然对数	$\ln HYZYL_{it}$	航空公司i在t年货邮载运量的自然对数
飞行里程的自然对数	$\ln FXLC_{it}$	航空公司i在t年飞行里程的自然对数
旅游收入	$LYSR_t$	中国在t年的旅游收入
旅游收入的自然对数	$\ln LYSR_t$	中国在t年旅游收入的自然对数

第二节 样本的选取与数据描述

一、样本的选取与数据来源

通过分析民航运输业2002年改革前后总周转量、旅客运输量、货邮载运量和飞行里程的变化来反映此次民航运输市场化改革服务总量方面的改革绩效。采集的数据包括横向6个个体，纵向11年的时间数据。

为了评价民航运输业的市场化改革绩效，选取了目前上市的6家航空公司作为调查样本，并分为控制组和处理组两类。处理组是民航直属航空公司，包括中国国际航空公司、中国东方航空公司和中国南方航空公司。控制组是地方航空公司，包括上海航空公司、海南航空公司和山东航空公司。

运用的数据包括6家航空公司从2000年到2010年的相关数据。数据来源是各航空公司的统计年报、《中国民航统计资料汇编（1949~2000）》、《从统计看民航》（2002~2011）。

二、描述性统计

表6-2是6家航空公司从2000年到2010年有关服务总量的数据的描述性统计，包括总周转量、旅客运输量、货邮载运量、飞行里程和旅游收入及其自然对数。同时，还按照处理组和控制组的区别，分别对上述变量进行了总体、组间和组内的描述性统计。其中，旅游收入及其对数代表的是经济因素，对每个航空公司来说都是一样的，因而，组间标准差是0。

表6-2 服务总量相关变量描述性统计

变量		均值	标准差	最小值	最大值	样本量
$ZZZL$	总体	393348	370111	13270	1.429e+06	N=66
	组间		310060	46282	763078	n=6
	组内		235871	-39066	1.088e+06	T=11
$LKYSL$	总体	1.990e+07	1.870e+07	1.329e+06	7.650e+07	N=66
	组间		1.470e+07	4.057e+06	4.150e+07	n=6
	组内		1.280e+07	-5.088e+06	5.710e+07	T=11
$HYZYL$	总体	434183	377207	13836	1.465e+06	N=66
	组间		332148	42892	786615	n=6
	组内		221214	-24675	1.176e+06	T=11
$FXLC$	总体	25449	21594	2075	87290	N=66
	组间		18490	4942	49573	n=6
	组内		13305	-3517	63166	T=11
$LYSR$	总体	7686	2617	4518	12695	N=66
	组间		0	7686	7686	n=6
	组内		2617	4518	12695	T=11
$\ln ZZZL$	总体	12.320	1.196	9.493	14.170	N=66
	组间		1.138	10.580	13.440	n=6
	组内		0.577	10.930	13.280	T=11
$\ln LKYSL$	总体	16.360	1.005	14.100	18.150	N=66
	组间		0.900	15.060	17.400	n=6
	组内		0.570	15.300	17.410	T=11
$\ln HYZYL$	总体	12.460	1.186	9.535	14.20	N=66
	组间		1.176	10.530	13.480	n=6
	组内		0.488	11.400	13.290	T=11
$\ln FXLC$	总体	9.736	0.977	7.638	11.380	N=66
	组间		0.928	8.430	10.690	n=6
	组内		0.475	8.644	10.480	T=11
$\ln LYSR$	总体	8.974	0.416	8.416	9.660	N=66
	组间		0	8.974	8.974	n=6
	组内		0.416	8.416	9.660	T=11

三、单变量检验

表6-3是总周转量的单变量检验。首先,对控制组和处理组航空公司的总周转量进行了检验,处理组航空公司的总周转量显著大于控制组。其次,对改革前后航空公司的总周转量进行了检验,改革后航空公司的总周转量显著大于改革前。这表明民航运输业市场化改革确实显著地提高了航空公司的总周转量。

表6-3 总周转量的单变量检验

组别	样本数	均值	标准误	标准差	均值之差	T TEST
控制组	33	118950.9	15628.96	89781.52	-548794.1	-8.9908 *** (0.0000)
处理组	33	667745.0	59004.52	338955.20		
改革前	22	212103.2	32890.46	154269.90	-271867.2	-2.9786 ** (0.0041)
改革后	44	483970.4	62000.68	412592.70		

注:* $p < 0.05$,** $p < 0.01$,*** $p < 0.001$。

表6-4是对旅客运输量进行的单变量检验。首先,对控制组和处理组航空公司的旅客运输量进行了单变量检验,处理组航空公司的旅客运输量显著大于控制组。其次,对改革前后航空公司的旅客运输量进行了单变量检验,改革后航空公司的旅客运输量显著大于改革前。这表明民航运输业市场化改革确实显著地提高了航空公司的旅客运输量。

表6-4 旅客运输量的单变量检验

组别	样本数	均值	标准误	标准差	均值之差	T TEST
控制组	33	7471364	818992.6	4704754	-2.49e+07	-7.2657 *** (0.0000)
处理组	33	3.24e+07	3329599.0	1.91e+07		
改革前	22	1.02e+07	1592249.0	7468312	-1.45e+07	-3.1815 ** (0.0024)
改革后	44	2.48e+07	3117764.0	2.07e+07		

注:* $p < 0.05$,** $p < 0.01$,*** $p < 0.001$。

表 6-5 是对货邮载运量进行的单变量检验。首先，对控制组和处理组航空公司的货邮载运量进行了单变量检验，处理组航空公司的货邮载运量显著大于控制组。其次，对改革前后航空公司的货邮载运量进行了单变量检验，改革后航空公司的货邮载运量显著大于改革前。这表明民航运输业市场化改革确实显著地提高了航空公司的货邮载运量。

表 6-5　货邮载运量的单变量检验

组别	样本数	均值	标准误	标准差	均值之差	T TEST
控制组	33	136462.6	16650.74	95651.21	-595440.9	-10.4962 ***
处理组	33	731903.5	54230.74	311531.90		(0.0000)
改革前	22	271701.0	41961.32	196816.00	-243723.1	-2.5799 *
改革后	44	515424.1	63228.14	419408.00		(0.0122)

注：* $p < 0.05$，** $p < 0.01$，*** $p < 0.001$。

表 6-6 是对飞行里程进行的单变量检验。首先，对控制组和处理组航空公司的飞行里程进行了单变量检验，处理组航空公司的飞行里程显著大于控制组。其次，对改革前后航空公司的飞行里程进行了单变量检验，改革后航空公司的飞行里程显著大于改革前。这表明民航运输业市场化改革确实显著地提高了航空公司的飞行里程。

表 6-6　飞行里程的单变量检验

组别	样本数	均值	标准误	标准差	均值之差	T TEST
控制组	33	9417.328	1004.823	5772.271	-32062.81	-9.0185 ***
处理组	33	41480.140	3410.278	19590.560		(0.0000)
改革前	22	15855.450	2344.371	10996.080	-14389.93	-2.6696 **
改革后	44	30245.380	3615.628	23983.360		(0.0096)

注：* $p < 0.05$，** $p < 0.01$，*** $p < 0.001$。

第三节　实证检验结果与分析

一、总周转量的双重差分估计结果

（一）实证回归结果

运用 Stata12.0 计量软件，分别以总周转量和总周转量的自然对数为解释变量，将中国国际航空公司、中国东方航空公司、中国南方航空公司、上海航空公司、海南航空公司和山东航空公司从 2000 年到 2010 年的面板数据分别输入模型（6.1）、模型（6.2）、模型（6.3）、模型（6.4）、模型（6.5）、模型（6.6）、模型（6.7）和模型（6.8）。其中，模型（6.1）、模型（6.2）、模型（6.3）和模型（6.4）在进行 Hausman 检验时接受了原假设，所以采用随机效应模型对其进行估计；而模型（6.5）、模型（6.6）、模型（6.7）和模型（6.8）在进行 Hausman 检验时拒绝了原假设，所以采用固定效应模型对其进行估计。回归结果如表 6-7 所示。

（二）结果数据分析

表 6-7 的（1）栏报告了模型（1）的随机效应的估计值，其结果说明：民航直属航空公司的总周转量显著高于地方航空公司；随着时间的推移，民航运输业的总周转量提高了，但不显著；民航运输业的市场化改革显著地提高了总周转量。表 6-7 的（2）栏报告了模型（2）的随机效应的估计值，其结果说明：民航直属航空公司的总周转量显著高于地方航空公司；随着时间的推移，民航运输业的总周转量显著地下降了；民航运输业的市场化改革

显著地提高了总周转量；旅游收入的提高显著地提高了各航空公司的总周转量。表6-7的（3）栏报告了模型（3）的随机效应的估计值，其结果说明：民航直属航空公司的总周转量显著高于地方航空公司；随着时间的推移，民航运输业的总周转量显著地提高了；民航运输业的市场化改革使总周转量下降了，下降幅度为13.4%，但不显著。表6-7的（4）栏报告了模型（4）的随机效应的估计值，其结果说明：民航直属航空公司的总周转量显著地高于地方航空公司；随着时间的推移，民航运输业的总周转量显著地提高了；民航运输业的市场化改革使总周转量显著地下降了，下降幅度为21.1%；旅游收入的提高显著地提高了各航空公司的总周转量。表6-7的（5）栏报告了模型（5）的固定效应的估计值，其结果说明：民航运输业的市场化改革显著地提高了总周转量；旅游收入的提高显著地提高了各航空公司的总周转量。表6-7的（6）栏报告了模型（6）的固定效应的估计值，其结果说明：在民航运输业市场化改革实施后的五年里，总周转量提高了，但不显著；旅游收入的提高显著地提高了各航空公司的总周转量。表6-7的（7）栏报告了模型（7）的固定效应的估计值，其结果说明：民航运输业的市场化改革提高了总周转量，但不显著；旅游收入的提高显著地提高了各航空公司的总周转量。表6-7的（8）栏报告了模型（8）的固定效应的估计值，其结果说明：在民航运输业市场化改革实施后的五年里总周转量提高了，上升幅度逐年下降，依次为30.7%、22.6%、10.7%、3.62%、0.53%，而且改革实施后的第一年和第二年显著，其他年份不显著；旅游收入的提高显著地提高了各航空公司的总周转量。

表6-7 总周转量的双重差分估计

模型	(1)	(2)	(3)	(4)	(5)	(6)	(7)	(8)
解释变量	ZZZL	ZZZL	lnZZZL	lnZZZL	ZZZL	ZZZL	lnZZZL	lnZZZL
GG	284190.9***	277634.5***	2.117***	2.085***				
	(3.68)	(4.10)	(4.36)	(4.41)				
	[77328.0]	[67674.9]	[0.485]	[0.473]				
T	100630.7	-100225.5*	1.113***	0.463***				
	(1.80)	(-2.26)	(8.77)	(7.99)				
	[55886.7]	[44320.5]	[0.127]	[0.0580]				
GGXY	456721.5***	427368.2***	-0.134	-0.211**	356268.3***		0.0757	0.307**
	(6.01)	(8.35)	(-0.78)	(-3.28)	(8.26)		(0.98)	(3.03)
	[75956.8]	[51178.6]	[0.173]	[0.0643]	[43119.4]		[0.0773]	[0.101]
YEAR1						67870.1		0.226*
						(0.75)		(2.23)
						[90819.1]		[0.101]
YEAR2						109986.2		0.107
						(1.21)		(1.04)
						[90828.7]		[0.103]
YEAR3						119559.8		0.0362
						(1.30)		
						[91649.5]		
YEAR4						135886.6		

续表

模型	(1)	(2)	(3)	(4)	(5)	(6)	(7)	(8)
解释变量	ZZZL	ZZZL	lnZZZL	lnZZZL	ZZZL	ZZZL	lnZZZL	lnZZZL
YEAR5						135613.0 (1.48) [92034.0]		0.0053 (0.35) [0.104]
						(1.44) [93983.9]		(0.53) [0.105]
LYSR		54.73*** (8.52) [6.427]			47.23*** (8.36) [5.647]	68.76*** (9.45) [7.274]		
lnLYSR				1.040*** (19.23) [0.0541]			1.292*** (20.30) [0.0636]	1.338*** (25.92) [0.0516]
_cons	45764.9 (0.79) [57704.8]	−228834.2*** (−3.88) [59002.3]	10.56*** (30.57) [0.346]	1.705** (2.99) [0.569]	−77607.8 (−1.95) [39754.4]	−161014.5** (−2.80) [57567.6]	0.709 (1.27) [0.558]	0.292 (0.63) [0.460]
观测值	66	66	66	66	66	66	66	66
Chi-square 统计量 (Prof > Chi2)	210.39 (0.0000)	425.83 (0.0000)	162.75 (0.0000)	1448.71 (0.0000)	153.62 (0.0000)	19.49 (0.000)	326.17 (0.0000)	128.26 (0.0000)

续表

模型	(1)	(2)	(3)	(4)	(5)	(6)	(7)	(8)
解释变量	ZZZL	ZZZL	lnZZZL	lnZZZL	ZZZL	ZZZL	lnZZZL	lnZZZL
组内 R^2	0.6680	0.8545	0.7129	0.9612	0.8412	0.6841	0.9183	0.9344
组间 R^2	0.9658	0.9586	0.8429	0.8391	0.9676	0.9398	0.8335	0.8369
总体 R^2	0.8448	0.9163	0.8126	0.8675	0.7500	0.3861	0.2462	0.2568
F 值					20.76	29.86	243.86	383.85

注：( ) 内是 t 值；[ ] 内是标准误；$^{*}p < 0.05$，$^{**}p < 0.01$，$^{***}p < 0.001$。

二、旅客运输量的双重差分估计结果

（一）实证回归结果

运用 Stata12.0 计量软件，分别以旅客运输量和旅客运输量的自然对数为解释变量，将中国国际航空公司、中国东方航空公司、中国南方航空公司、上海航空公司、海南航空公司和山东航空公司从 2000 年到 2010 年的面板数据分别输入模型（6.1）、模型（6.2）、模型（6.3）、模型（6.4）、模型（6.5）、模型（6.6）、模型（6.7）和模型（6.8）。其中，模型（6.1）、模型（6.2）、模型（6.3）和模型（6.4）在进行 Hausman 检验时接受了原假设，所以采用随机效应模型对其进行估计；而模型（6.5）、模型（6.6）、模型（6.7）和模型（6.8）在进行 Hausman 检验时拒绝了原假设，所以采用固定效应模型对其进行估计。回归结果如表 6-8 所示。

（二）结果数据分析

表 6-8 的（1）栏报告了模型（1）的随机效应的估计值，其结果说明：民航直属航空公司的旅客运输量高于地方航空公司，但不显著；随着时间的推移，民航运输业的旅客运输量提高了，但不显著；民航运输业的市场化改革显著地提高了旅客运输量；旅游收入的提高显著地提高了各航空公司的旅客运输量。表 6-8 的（2）栏报告了模型（2）的随机效应的估计值，其结果说明：民航直属航空公司的旅客运输量高于地方航空公司，但不显著；随着时间的推移，民航运输业的旅客运输量显著地下降了；民航运输业的市场化改革显著地提高了旅客运输量。表 6-8 的（3）栏报告了模型（3）的随机效应的估计值，其结果说明：民航直属航空公司的旅客运输量显著地高于地方航空公司；随着时间的推移，民航运输业的旅客运输量显著地提高了；民航运输业的市场化改革使旅客运输量上升了，上升幅度为 21.8%，但不显

著。表6-8的（4）栏报告了模型（4）的随机效应的估计值，其结果说明：民航直属航空公司的旅客运输量显著地高于地方航空公司；随着时间的推移，民航运输业的旅客运输量显著地提高了；民航运输业的市场化改革使旅客运输量显著地上升了，上升幅度为15%；旅游收入的提高显著地提高了各航空公司的旅客运输量。表6-8的（5）栏报告了模型（5）的固定效应的估计值，其结果说明：民航运输业的市场化改革显著地提高了旅客运输量；旅游收入的提高显著地提高了各航空公司的旅客运输量。表6-8的（6）栏报告了模型（6）的固定效应的估计值，其结果说明：在民航运输业市场化改革实施后的五年里，旅客运输量提高了，而且改革实施后的第五年显著，但其他年份不显著；旅游收入的提高显著地提高了各航空公司的旅客运输量。表6-8的（7）栏报告了模型（7）的固定效应的估计值，其结果说明：民航运输业的市场化改革显著地提高了旅客运输量；旅游收入的提高显著地提高了各航空公司的旅客运输量。表6-8的（8）栏报告了模型（8）的固定效应的估计值，其结果说明：在民航运输业市场化改革实施后的五年里，旅客运输量提高了，上升幅度逐年下降，依次为34.2%、33%、23.4%、18.1%、13.3%，而且改革实施后的第一年、第二年和第三年显著，但其他年份不显著；旅游收入的提高显著地提高了各航空公司的旅客运输量。

表6-8 旅客运输量的双重差分估计

模型	(1)	(2)	(3)	(4)	(5)	(6)	(7)	(8)
解释变量	LKYSL	LKYSL	lnLKYSL	lnLKYSL	LKYSL	LKYSL	lnLKYSL	lnLKYSL
GG	10312594.7	9864698.7	1.467***	1.436***				
	(1.73)	(1.77)	(3.58)	(3.62)				
	[5953766.8]	[5577345.1]	[0.410]	[0.397]				
T	5464459.1	-4941899.4*	0.934***	0.341***			0.362***	0.342***
	(1.85)	(-2.10)	(8.03)	(6.39)			(5.66)	(3.52)
	[2951427.8]	[2350869.9]	[0.116]	[0.0533]			[0.0640]	[0.0970]
GGXY	25183537.3***	23841294.0***	0.218	0.150*	20649277.2***	4786171.5		0.330**
	(6.27)	(8.78)	(1.38)	(2.54)	(9.15)	(0.98)		(3.39)
	[4018508.0]	[2716302.3]	[0.159]	[0.0592]	[2256587.3]	[4870536.6]		[0.0973]
YEAR1						7652912.9		0.234*
						(1.57)		(2.37)
						[4871051.2]		[0.0984]
YEAR2						8466389.8		0.181
						(1.72)		
						[4915068.2]		
YEAR3						9132645.1		
YEAR4								

续表

模型	(1)	(2)	(3)	(4)	(5)	(6)	(7)	(8)
解释变量	LKYSL	LKYSL	lnLKYSL	lnLKYSL	LKYSL	LKYSL	lnLKYSL	lnLKYSL
YEAR5						(1.85) [4935690.1]		(1.83) [0.0992]
						10679795.9* (2.12) [5040263.1]		0.133 (1.32) [0.101]
LYSR		2835.7*** (8.31) [341.2]			2443.1*** (8.27) [295.5]	3623.0*** (9.29) [390.1]		
lnLYSR			14.94*** (51.08) [0.292]	0.949*** (19.09) [0.0497]			1.134*** (21.53) [0.0527]	1.276*** (25.80) [0.0495]
_cons	3497211.6 (0.81) [4319890.9]	-10729762.7* (-2.47) [4348247.1]		6.852*** (13.48) [0.508]	-5106897.4* (-2.45) [2080484.1]	-9769465.5** (-3.16) [3087289.9]	6.072*** (13.14) [0.462]	4.853*** (11.00) [0.441]
观测值	66	66	66	66	66	66	66	66
Chi-square 统计量 (Prof > Chi2)	151.80 (0.0000)	378.86 (0.0000)	193.19 (0.0000)	1672.41 (0.0000)	168.72 (0.0000)	20.37 (0.0000)	475.62 (0.0000)	136.47 (0.0000)

续表

模型	(1)	(2)	(3)	(4)	(5)	(6)	(7)	(8)
解释变量	LKYSL	LKYSL	lnLKYSL	lnLKYSL	LKYSL	LKYSL	lnLKYSL	lnLKYSL
组内 R^2	0.6987	0.8638	0.7542	0.9664	0.8533	0.6936	0.9425	0.9381
组间 R^2	0.7950	0.8230	0.7963	0.8102	0.7668	0.8582	0.7572	0.8175
总体 R^2	0.7488	0.8422	0.7827	0.8603	0.7422	0.4623	0.4657	0.3859
F 值					27.01	22.56	206.39	245.85

注：（ ）内是 t 值；[ ] 内是标准误；* $p < 0.05$，** $p < 0.01$，*** $p < 0.001$。

三、货邮载运量的双重差分估计结果

(一) 实证回归结果

运用 Stata12.0 计量软件,分别以货邮载运量和货邮载运量的自然对数为解释变量,将中国国际航空公司、中国东方航空公司、中国南方航空公司、上海航空公司、海南航空公司和山东航空公司从 2000 年到 2010 年的面板数据分别输入模型 (6.1)、模型 (6.2)、模型 (6.3)、模型 (6.4)、模型 (6.5)、模型 (6.6)、模型 (6.7) 和模型 (6.8)。其中,模型 (6.1)、模型 (6.2)、模型 (6.3) 和模型 (6.4) 在进行 Hausman 检验时接受了原假设,所以采用随机效应模型对其进行估计;而模型 (6.5)、模型 (6.6)、模型 (6.7) 和模型 (6.8) 在进行 Hausman 检验时拒绝了原假设,所以采用固定效应模型对其进行估计。回归结果如表 6-9 所示。

(二) 结果数据分析

表 6-9 的 (1) 栏报告了模型 (1) 的随机效应的估计值,其结果说明:民航直属航空公司的货邮载运量显著高于地方航空公司;随着时间的推移,民航运输业的货邮载运量提高了,但不显著;民航运输业的市场化改革显著地提高了货邮载运量。表 6-9 的 (2) 栏报告了模型 (2) 的随机效应的估计值,其结果说明:民航直属航空公司的货邮载运量显著高于地方航空公司;随着时间的推移,民航运输业的货邮载运量下降了,但不显著;民航运输业的市场化改革显著地提高了货邮载运量;旅游收入的提高显著地提高了各航空公司的货邮载运量。表 6-9 的 (3) 栏报告了模型 (3) 的随机效应的估计值,其结果说明:民航直属航空公司的货邮载运量显著高于地方航空公司;随着时间的推移,民航运输业的货邮载运量显著地提高了;民航运输业的市场化改革使货邮载运量下降了,下降幅度为 11.3%,但不显著。表 6-9 的

(4) 栏报告了模型（4）的随机效应的估计值，其结果说明：民航直属航空公司的货邮载运量显著高于地方航空公司；随着时间的推移，民航运输业的货邮载运量显著地提高了；民航运输业的市场化改革使货邮载运量显著地下降了，下降幅度为17.2%；旅游收入的提高显著地提高了各航空公司的货邮载运量。表6-9的（5）栏报告了模型（5）的固定效应的估计值，其结果说明：民航运输业的市场化改革显著地提高了货邮载运量；旅游收入的提高显著地提高了各航空公司的货邮载运量。表6-9的（6）栏报告了模型（6）的固定效应的估计值，其结果说明：在民航运输业市场化改革实施后的五年里，货邮载运量提高了，但不显著；旅游收入的提高显著地提高了各航空公司的货邮载运量。表6-9的（7）栏报告了模型（7）的固定效应的估计值，其结果说明：民航运输业的市场化改革提高了货邮载运量，但不显著；旅游收入的提高显著地提高了各航空公司的货邮载运量。表6-9的（8）栏报告了模型（8）的固定效应的估计值，其结果说明：在民航运输业市场化改革实施后的五年里，货邮载运量提高了，上升幅度逐年下降，依次为31.3%、18.9%、11.3%、4.88%、4.69%，而且改革实施后的第一年显著，其他年份不显著；旅游收入的提高显著地提高了各航空公司的货邮载运量。

第六章 民航运输业改革绩效的实证分析：服务总量

表6-9 货邮载运量的双重差分估计

模型 解释变量	(1) HYZYL	(2) HYZYL	(3) lnHYZYL	(4) lnHYZYL	(5) HYZYL	(6) HYZYL	(7) lnHYZYL	(8) lnHYZYL
GG	350765.8***	344509.1***	2.079***	2.054***				
	(4.70)	(5.06)	(3.57)	(3.56)				
	[74583.4]	[68113.9]	[0.582]	[0.576]				
T	99795.1	−62288.6	0.941***	0.439***				
	(1.94)	(−1.35)	(8.78)	(6.28)				
	[51358.1]	[46275.3]	[0.107]	[0.0699]				
GGXY	423672.9***	401579.8***	−0.113	−0.172*	358602.8***			
	(6.07)	(7.52)	(−0.77)	(−2.22)	(8.14)			
	[69830.3]	[53430.6]	[0.146]	[0.0776]	[44078.7]			
YEAR1						123617.6	0.0999	0.313**
						(1.37)	(1.20)	(2.78)
						[90171.2]	[0.0834]	[0.112]
YEAR2						126204.5		0.189
						(1.40)		(1.68)
						[90180.8]		[0.113]
YEAR3						162065.3		0.131
						(1.78)		(1.14)
						[90995.7]		[0.114]
YEAR4						156893.4		0.0488

续表

模型	(1)	(2)	(3)	(4)	(5)	(6)	(7)	(8)
解释变量	HYZYL	HYZYL	lnHYZYL	lnHYZYL	HYZYL	HYZYL	lnHYZYL	lnHYZYL
YEAR5						91377.5		(0.42)
						[91377.5]		[0.115]
						136465.5		0.0469
						(1.46)		(0.40)
						[93313.5]		[0.117]
LYSR		44.17***			39.42***	61.05***		
		(6.58)			(6.83)	(8.45)		
		[6.710]			[5.772]	[7.222]		
lnLYSR			10.82***	0.803***			1.042***	1.097***
			(26.19)	(12.32)			(15.18)	(19.12)
			[0.413]	[0.0652]			[0.0686]	[0.0573]
_cons	63884.3	-157707.3**		3.980***	22562.8	-67139.3	3.076***	2.587***
	(1.15)	(-2.62)		(5.78)	(0.56)	(-1.17)	(5.11)	(5.06)
	[55387.4]	[60152.7]		[0.689]	[40638.8]	[57156.9]	[0.602]	[0.511]
观测值	66	66	66	66	66	66	66	66
Chi-square 统计量	232.17	365.47	157.79	685.30	124.71	16.42	189.12	70.43
(Prof>Chi2)	(0.0000)	(0.0000)	(0.0000)	(0.0000)	(0.0000)	(0.0000)	(0.0000)	(0.0000)
组内 R^2	0.6801	0.8171	0.7136	0.9209	0.8113	0.6459	0.8670	0.8867

续表

模型	(1)	(2)	(3)	(4)	(5)	(6)	(7)	(8)
解释变量	HYZYL	HYZYL	lnHYZYL	lnHYZYL	HYZYL	HYZYL	lnHYZYL	lnHYZYL
组间 R^2	0.9721	0.9718	0.7818	0.7816	0.9614	0.9641	0.7622	0.7808
总体 R^2	0.8717	0.9186	0.7702	0.8052	0.7210	0.3671	0.1904	0.1912
F值					24.84	33.21	238.63	340.25

注：（ ）内是 t 值；[ ] 内是标准误；* $p<0.05$，** $p<0.01$，*** $p<0.001$。

四、飞行里程的双重差分估计结果

（一）实证回归结果

运用 Stata12.0 计量软件，分别以飞行里程和飞行里程的自然对数为解释变量，将中国国际航空公司、中国东方航空公司、中国南方航空公司、上海航空公司、海南航空公司和山东航空公司从 2000 年到 2010 年的面板数据分别输入模型（6.1）、模型（6.2）、模型（6.3）、模型（6.4）、模型（6.5）、模型（6.6）、模型（6.7）和模型（6.8）。其中，模型（6.1）、模型（6.2）、模型（6.3）和模型（6.4）在进行 Hausman 检验时接受了原假设，所以采用随机效应模型对其进行估计；而模型（6.5）、模型（6.6）、模型（6.7）和模型（6.8）在进行 Hausman 检验时拒绝了原假设，所以采用固定效应模型对其进行估计。回归结果如表 6-10 所示。

（二）结果数据分析

表 6-10 的（1）栏报告了模型（1）的随机效应的估计值，其结果说明：民航直属航空公司的飞行里程显著高于地方航空公司；随着时间的推移，民航运输业的飞行里程提高了，但不显著；民航运输业的市场化改革显著地提高了飞行里程。表 6-10 的（2）栏报告了模型（2）的随机效应的估计值，其结果说明：民航直属航空公司的飞行里程显著地高于地方航空公司；随着时间的推移，民航运输业的飞行里程下降了，但不显著；民航运输业的市场化改革显著地提高了飞行里程；旅游收入的提高显著地提高了各航空公司的飞行里程。表 6-10 的（3）栏报告了模型（3）的随机效应的估计值，其结果说明：民航直属航空公司的飞行里程显著高于地方航空公司；随着时间的推移，民航运输业的飞行里程显著地提高了；民航运输业的市场化改革使飞行里程上升了，上升幅度为 2.74%，但不显著。表 6-10 的（4）栏报

告了模型（4）的随机效应的估计值，其结果说明：民航直属航空公司的飞行里程显著高于地方航空公司；随着时间的推移，民航运输业的飞行里程显著地提高了；民航运输业的市场化改革使飞行里程下降了，下降幅度为3.15%，但不显著；旅游收入的提高显著地提高了各航空公司的飞行里程。表6-10的（5）栏报告了模型（5）的固定效应的估计值，其结果说明：民航运输业的市场化改革显著地提高了飞行里程；旅游收入的提高显著地提高了各航空公司的飞行里程。表6-10的（6）栏报告了模型（6）的固定效应的估计值，其结果说明：在民航运输业市场化改革实施后的五年里，飞行里程提高了，但不显著；旅游收入的提高显著地提高了各航空公司的飞行里程。表6-10的（7）栏报告了模型（7）的固定效应的估计值，其结果说明：民航运输业的市场化改革显著地提高了飞行里程；旅游收入的提高显著地提高了各航空公司的飞行里程。表6-10的（8）栏报告了模型（8）的固定效应的估计值，其结果说明：在民航运输业市场化改革实施后的五年里，飞行里程提高了，上升幅度逐年下降，依次为27.6%、18.3%、11.9%、11.4%、5.43%，而且改革实施后的第一年显著，但其他年份不显著；旅游收入的提高显著地提高了各航空公司的飞行里程。

表 6-10 飞行里程的双重差分估计

模型 解释变量	(1) FXLC	(2) FXLC	(3) lnFXLC	(4) lnFXLC	(5) FXLC	(6) FXLC	(7) lnFXLC	(8) lnFXLC
GG	17919.0***	17509.7**	1.641***	1.615***				
	(2.66)	(2.73)	(4.15)	(4.19)				
	[6728.1]	[6405.9]	[0.395]	[0.386]				
T	6241.3	−4382.9	0.827***	0.321***				
	(1.95)	(−1.58)	(7.57)	(4.37)				
	[3207.0]	[2769.5]	[0.109]	[0.0734]				
GGXY	24585.6***	23136.1***	0.0274	−0.0315	20252.7***		0.168*	0.276*
	(5.63)	(7.23)	(0.18)	(−0.39)	(7.65)		(2.15)	(2.51)
	[4366.8]	[3199.9]	[0.149]	[0.0814]	[2646.0]		[0.0779]	[0.110]
YEAR1						6425.7		0.183
						(1.24)		(1.66)
						[5187.9]		[0.110]
YEAR2						6819.7		0.119
						(1.31)		(1.06)
						[5188.4]		[0.111]
YEAR3						8143.5		0.114
						(1.56)		(1.01)
						[5235.3]		[0.112]
YEAR4						10728.8*		
						(2.04)		
						[5257.3]		

续表

模型	(1)	(2)	(3)	(4)	(5)	(6)	(7)	(8)
解释变量	HYZYL	HYZYL	lnHYZYL	lnHYZYL	HYZYL	HYZYL	lnHYZYL	lnHYZYL
YEAR5						10963.5*		0.0543
						(2.04)		(0.48)
						[5368.6]		[0.114]
LYSR		2.895***			2.551***	3.697***		
		(7.20)			(7.36)	(8.90)		
		[0.402]			[0.347]	[0.416]		
lnLYSR			8.356***	0.808***			0.983***	1.052***
			(29.67)	(11.81)			(15.33)	(18.77)
			[0.282]	[0.0684]			[0.0641]	[0.0560]
_cons	4878.2	−9646.5		1.469*	−292.4	−4928.3	0.865	0.264
	(1.00)	(−1.92)		(2.28)	(−0.12)	(−1.50)	(1.54)	(0.53)
	[4872.4]	[5017.2]		[0.644]	[2439.5]	[3288.4]	[0.562]	[0.500]
观测值	66	66	66	66	66	66	66	66
Chi-square 统计量(Prof > Chi2)	140.06 (0.0000)	290.23 (0.0000)	145.26 (0.0000)	587.65 (0.0000)	125.30 (0.0000)	18.78 (0.0000)	207.68 (0.0000)	69.81 (0.0000)
组内 R^2	0.6586	0.8198	0.6862	0.9079	0.8121	0.6760	0.8775	0.8858
组间 R^2	0.8830	0.8933	0.8405	0.8444	0.8558	0.9021	0.8102	0.8451
总体 R^2	0.7978	0.8654	0.8041	0.8594	0.6899	0.3986	0.2959	0.2677
F值					28.74	31.72	154.48	210.76

注:( )内是t值;[ ]内是标准误;* $p<0.05$,** $p<0.01$,*** $p<0.001$。

第四节 稳健性检验

为了检验表 6-7、表 6-8、表 6-9 和表 6-10 中所列的基于总周转量、旅客运输量、货邮载运量和飞行里程的民航运输业市场化改革绩效的回归结果的稳健性,将各航空公司改革前三年和改革后三年各项指标分别取均值,重新构建面板数据,使用 OLS 估计方法,依次对总周转量、旅客运输量、货邮载运量和飞行里程进行双重差分检验,如表 6-11、表 6-12、表 6-13 和表 6-14 所示。分别与表 6-7、表 6-8、表 6-9 和表 6-10 进行对比,结果表明:研究结论并没有发生实质性变化。

表 6-11 总周转量的稳健性检验

模型	(1)	(2)	(3)	(4)	(5)	(7)
解释变量	ZZZL	ZZZL	ln ZZZL	ln ZZZL	ZZZL	ln ZZZL
GG	316061.5***	298897.4***	2.196***	2.165**		
	(6.52)	(6.25)	(5.26)	(4.57)		
	[48441.3]	[47793.4]	[0.417]	[0.474]		
T	46259.7	-1819.4	0.660	0.576		
	(0.95)	(-0.03)	(1.58)	(0.91)		
	[48441.3]	[58149.3]	[0.417]	[0.631]		
GGXY	303020.8**	260100.2**	0.0125	-0.0351	497179.5*	1.626
	(4.42)	(3.59)	(0.02)	(-0.05)	(3.00)	(1.46)
	[68506.4]	[72456.6]	[0.590]	[0.679]	[165879.9]	[1.113]
LYSR		41.44			22.73	
		(1.36)			(0.36)	
		[30.57]			[63.68]	
ln LYSR				0.333		0.782

续表

模型	(1)	(2)	(3)	(4)	(5)	(7)
解释变量	ZZZL	ZZZL	ln ZZZL	ln ZZZL	ZZZL	ln ZZZL
				(0.19)		(0.33)
				[1.771]		[2.351]
_cons	45764.9	-162160.0	10.60***	7.767	40590.9	4.802
	(1.34)	(-1.03)	(35.91)	(0.51)	(0.11)	(0.24)
	[34253.2]	[156774.1]	[0.295]	[15.10]	[356395.3]	[20.31]
观测值	12	12	12	12	12	12

注：( ) 内是 t 值；[ ] 内是标准误；* $p < 0.05$，**$p < 0.01$，***$p < 0.001$。

表6-12 旅客运输量的稳健性检验

模型	(1)	(2)	(3)	(4)	(5)	(7)
解释变量	LKYSL	LKYSL	ln LKYSL	ln LKYSL	LKYSL	ln LKYSL
GG	11943637.8	8306164.4	1.524**	1.343*		
	(1.85)	(1.68)	(3.58)	(3.05)		
	[6470760.1]	[4951734.2]	[0.426]	[0.441]		
T	2853077.9	-7336028.0	0.582	0.0814		
	(0.44)	(-1.22)	(1.37)	(0.14)		
	[6470760.1]	[6024674.7]	[0.426]	[0.587]		
GGXY	17143510.8	8047635.9	0.271	-0.0134	15058978.6	1.053
	(1.87)	(1.07)	(0.45)	(-0.02)	(1.72)	(1.29)
	[9151036.6]	[7507013.1]	[0.602]	[0.632]	[8741111.7]	[0.819]
LYSR		8782.8*			5730.5	
		(2.77)			(1.71)	
		[3166.8]			[3355.7]	
ln LYSR				1.985		1.671
				(1.20)		(0.97)
				[1.649]		[1.729]
_cons	3497211.6	-40567033.3*	14.96***	-1.959	-23328126.6	1.227
	(0.76)	(-2.50)	(49.66)	(-0.14)	(-1.24)	(0.08)
	[4575518.3]	[16242896.2]	[0.301]	[14.06]	[18780408.7]	[14.94]
观测值	12	12	12	12	12	12

表6-13 货邮载运量的稳健性检验

模型	(1)	(2)	(3)	(4)	(5)	(7)
解释变量	$HYZYL$	$HYZYL$	ln $HYZYL$	ln $HYZYL$	$HYZYL$	ln $HYZYL$
GG	389645.2***	357898.5***	2.169**	2.102*		
	(6.69)	(7.78)	(4.06)	(3.48)		
	[58238.1]	[46003.7]	[0.535]	[0.604]		
T	52831.8	-36095.6	0.582	0.396		
	(0.91)	(-0.64)	(1.09)	(0.49)		
	[58238.1]	[55971.8]	[0.535]	[0.804]		
$GGXY$	295122.2**	215736.2*	-0.00772	-0.113	501583.4*	1.520
	(3.58)	(3.09)	(-0.01)	(-0.13)	(2.47)	(1.28)
	[82361.2]	[69743.3]	[0.756]	[0.865]	[202700.8]	[1.185]
$LYSR$		76.65*			42.45	
		(2.61)			(0.55)	
		[29.42]			[77.82]	
ln $LYSR$				0.738		0.823
				(0.33)		(0.33)
				[2.258]		[2.503]
_cons	63884.3	-320695.0	10.85***	4.557	-23897.4	4.657
	(1.55)	(-2.13)	(28.68)	(0.24)	(-0.05)	(0.22)
	[41180.6]	[150903.4]	[0.378]	[19.25]	[435505.7]	[21.62]
观测值	12	12	12	12	12	12

表6-14 飞行里程的稳健性检验

模型	(1)	(2)	(3)	(4)	(5)	(7)
解释变量	$FXLC$	$FXLC$	ln $FXLC$	ln $FXLC$	$FXLC$	ln $FXLC$
GG	21128.8*	17462.1*	1.766**	1.640**		
	(3.17)	(3.35)	(4.82)	(4.18)		
	[6660.1]	[5209.7]	[0.366]	[0.392]		
T	3557.6	-6713.3	0.525	0.177		
	(0.53)	(-1.06)	(1.43)	(0.34)		
	[6660.1]	[6338.6]	[0.366]	[0.523]		

续表

模型	(1)	(2)	(3)	(4)	(5)	(7)
解释变量	FXLC	FXLC	ln FXLC	ln FXLC	FXLC	ln FXLC
GGXY	14910.6	5741.7	-0.0126	-0.210	19975.9	1.082
	(1.58)	(0.73)	(-0.02)	(-0.37)	(1.60)	(1.20)
	[9418.8]	[7898.1]	[0.518]	[0.562]	[12499.2]	[0.901]
LYSR		8.853*			5.463	
		(2.66)			(1.14)	
		[3.332]			[4.798]	
ln LYSR				1.380		1.162
				(0.94)		(0.61)
				[1.467]		[1.903]
_cons	4878.2	-39539.8	8.390***	-3.367	-17170.7	-0.883
	(1.04)	(-2.31)	(32.41)	(-0.27)	(-0.64)	(-0.05)
	[4709.4]	[17089.2]	[0.259]	[12.51]	[26854.6]	[16.44]
观测值	12	12	12	12	12	12

综上所述，本章使用六大上市航空公司从2000年到2010年的面板数据，对民航运输业基于服务总量进行双重差分检验，结果表明：民航运输业的市场化改革使得总周转量、旅客运输量、货邮载运量和飞行里程都得到了显著的提高，并且具有一到三年的政策时效性。这说明此次改革确实在很大程度上提高了民航运输业的服务总量，但时至今日，市场化改革能够带来民航运输业服务总量增加的能量早已释放完毕。此外，三大航空公司重组后的内部整合尚未完成，也影响了民航运输业服务总量的进一步提高。

第七章 民航运输业改革绩效的实证分析：市场绩效

市场绩效直接影响着民航运输业的市场化改革绩效，是民航运输业市场化改革绩效的核心。鉴于评价指标的针对性、代表性和可操作性，结合产业组织理论的市场绩效评价标准，本章使用双重差分模型，以民航公司的微观数据为基础，从资源配置效率、技术进步效率和生产效率三个方面，选取利润率、全要素生产率、劳动者人数和机队规模四个评价指标，对民航运输业基于市场绩效的市场化改革绩效进行实证研究。

第一节 民航运输业基于资源配置效率的改革绩效的实证分析

一、模型设定与变量定义

根据前文的双重差分估计方法和面板数据模型的基本原理，结合民航运输业资源配置效率的评价指标，建立如下的基于资源配置效率的民航运输业市场化改革绩效的基本模型：

$$LRL_{it} = \beta_0 + \beta_1 GG_{it} + \beta_2 T_{it} + \beta_3 GGXY_{it} + \mu_t + \varphi_i + \varepsilon_{it} \tag{7.1}$$

$$LRL_{it} = \beta_0 + \beta_1 GG_{it} + \beta_2 T_{it} + \beta_3 GGXY_{it} + \beta_4 LABOR_{it} + \beta_5 CR3_t +$$
$$\beta_6 LYSR_t + \beta_7 YSZZ_t + \beta_8 HYJG_t + \mu_t + \varphi_i + \varepsilon_{it} \quad (7.2)$$

$$LRL_{it} = \beta_0 + \beta_1 GGXY_{it} + \mu_t + \varphi_i + \varepsilon_{it} \quad (7.3)$$

$$LRL_{it} = \beta_0 + \beta_1 GGXY_{it} + \beta_2 LABOR_{it} + \beta_3 CR3_t +$$
$$\beta_4 LYSR_t + \beta_5 YSZZ_t + \beta_6 HYJG_t + \mu_t + \varphi_i + \varepsilon_{it} \quad (7.4)$$

$$LRL_{it} = \beta_0 + \beta_1 YEAR1 + \beta_2 YEAR2 + \beta_3 YEAR3 + \beta_4 YEAR4 + \beta_5 YEAR5 +$$
$$\beta_6 LABOR_{it} + \beta_7 CR3_t + \beta_8 LYSR_t + \beta_9 YSZZ_t + \beta_{10} HYJG_t + \mu_t + \varphi_i + \varepsilon_{it} \quad (7.5)$$

LRL_{it} 是被解释变量，代表航空公司的利润率。

$LABOR_{it}$ 是控制变量，代表劳动者的人数。

$CR3_t$ 是控制变量，代表前三大航空公司的市场集中度，是影响航空公司资源配置效率的经济因素。

$LYSR_t$ 是控制变量，代表旅游收入，是影响航空公司资源配置效率的经济因素。

$YSZZ_t$ 是控制变量，代表整个交通运输业增加值指数，是影响航空公司资源配置效率的经济因素。

$HYJG_t$ 是控制变量，代表航油价格水平，单位是元/吨，是影响航空公司资源配置效率的经济因素。

表7-1 利润率相关变量定义与说明

变量	符号	含义
利润率	LRL_{it}	航空公司 i 在 t 年的利润率
劳动者人数	$LABOR_{it}$	航空公司 i 在 t 年的劳动者人数
市场集中度	$CR3_t$	民航运输业 t 年前三大航空公司的市场集中度
旅游收入	$LYSR_t$	中国在 t 年的旅游收入
交通运输业增加值指数	$YSZZ_t$	中国在 t 年的整个交通运输业增加值指数
航油价格	$HYJG_t$	中国在 t 年的航空煤油价格水平

二、样本的选取与数据描述

（一）样本的选取与数据来源

通过分析民航运输业 2002 年改革前后资源配置效率的变化来反映此次民航运输市场化改革资源配置效率方面的改革绩效。采集的数据包括横向 6 个个体、纵向 11 年的时间数据。

为了评价民航运输业的市场化改革绩效，选取了目前上市的 6 家航空公司作为调查样本，并分为控制组和处理组两类。处理组是民航直属航空公司，包括中国国际航空公司、中国东方航空公司和中国南方航空公司。控制组是地方航空公司，包括上海航空公司、海南航空公司和山东航空公司。

运用的数据包括 6 家航空公司从 2000 年到 2010 年的相关数据。数据来源是各航空公司的统计年报、《中国民航统计资料汇编（1949~2000）》、《从统计看民航》（2002~2011）。

（二）描述性统计

表 7-2 是 6 家航空公司从 2000 年到 2010 年有关资源配置效率的数据的描述性统计，包括利润率、劳动者人数、市场集中度、旅游收入、交通运输业增加值指数和航油价格。同时，还按照处理组和控制组的区别，分别对上述变量进行了总体、组间和组内的描述性统计。其中，市场集中度、旅游收入、交通运输业增加值指数和航油价格代表的是经济因素，对每个航空公司来说都是一样的，因而组间标准差是 0。

表7-2 利润率相关变量描述性统计

变量		均值	标准差	最小值	最大值	样本量
LRL	总体	13.550	9.907	-35.480	28.820	N=66
	组间		4.394	6.099	17.680	n=6
	组内		9.045	-28.030	26.220	T=11
LABOR	总体	15816.000	14669.000	824.000	65085.000	N=66
	组间		12752.000	2487.000	30430.000	n=6
	组内		8807.000	-2627.000	50470.000	T=11
CR3	总体	69.760	5.374	62.780	78.970	N=66
	组间		0	69.760	69.760	n=6
	组内		5.374	62.780	78.970	T=11
LYSR	总体	7686.000	2617.000	4518.000	12695.000	N=66
	组间		0	7686.000	7686.000	n=6
	组内		2617.000	4518.000	12695.000	T=11
YSZZ	总体	1264.000	354.900	783.000	1846.000	N=66
	组间		0	1264.000	1264.000	n=6
	组内		354.900	783.000	1846.000	T=11
HYJG	总体	4223.000	1155.000	2753.000	6440.000	N=66
	组间		0	4223.000	4223.000	n=6
	组内		1155.000	2753.000	6440.000	T=11

(三) 单变量检验

表7-3是对利润率进行的单变量检验。首先，对控制组和处理组航空公司的利润率进行了单变量检验，处理组航空公司的利润率显著地低于控制组。其次，对改革前后航空公司的利润率进行了单变量检验，改革后航空公司的利润率显著地低于改革前。这表明民航运输业市场化改革没有提高民航运输业的资源配置效率。

表7-3 利润率的单变量检验

组别	样本数	均值	标准误	标准差	均值之差	T TEST
控制组	33	16.3712	1.2251	7.0376	5.6376	2.3941*
处理组	33	10.7336	2.0110	11.5525		(0.0196)
改革前	22	19.4177	1.0655	4.9975	8.7980	3.7220***
改革后	44	10.6198	1.5795	10.4774		(0.0004)

注：* $p < 0.05$，** $p < 0.01$，*** $p < 0.001$。

三、实证检验结果与分析

（一）实证回归结果

运用Stata12.0计量软件，以利润率为解释变量，将中国国际航空公司、中国东方航空公司、中国南方航空公司、上海航空公司、海南航空公司和山东航空公司从2000年到2010年的面板数据分别输入模型（7.1）、模型（7.2）、模型（7.3）、模型（7.4）和模型（7.5）。其中，模型（7.2）、模型（7.3）、模型（7.4）和模型（7.5）在进行Hausman检验时接受了原假设，所以采用随机效应模型对其进行估计；而模型（7.1）在进行Hausman检验时拒绝了原假设，所以采用了固定效应模型对其进行估计。回归结果如表7-4所示。

（二）结果数据分析

表7-4的（1）栏报告了模型（1）的固定效应的估计值，其结果说明：民航直属航空公司的资源配置效率低于地方航空公司，但不显著；随着时间的推移，民航运输业的资源配置效率显著地降低了；民航运输业的市场化改革提高了资源配置效率，但不显著。表7-4的（2）栏报告了模型（2）的随机效应的估计值，其结果说明：民航直属航空公司的资源配置效率高于地方航空公司，但不显著；随着时间的推移，民航运输业的资源配置效率降低了，但不显著；民航运输业的市场化改革显著地提高了资源配置效率；劳动

者人数、交通运输业增加值指数和航油价格的提高显著地降低了资源配置效率，而市场集中度和旅游收入的提高显著地提高了资源配置效率。表7-4的（3）栏报告了模型（3）的随机效应的估计值，其结果说明：民航运输业的市场化改革显著地降低了资源配置效率。表7-4的（4）栏报告了模型（4）的随机效应的估计值，其结果说明：民航运输业的市场化改革显著地提高了资源配置效率；劳动者人数、交通运输业增加值指数和航油价格的提高显著地降低了资源配置效率，而市场集中度和旅游收入的提高显著地提高了资源配置效率。表7-4的（5）栏报告了模型（5）的随机效应的估计值，其结果说明：民航运输业市场化改革实施后的第一年和第二年资源配置效率提高了，但不显著；第四年资源配置效率显著地下降了；第三年和第五年资源配置效率降低了，但不显著；劳动者人数和交通运输业增加值指数的提高显著地降低了资源配置效率；旅游收入的提高显著地提高了资源配置效率；市场集中度的提高提高了资源配置效率，但不显著；航油价格的提高降低了资源配置效率，但不显著。

表7-4 利润率的双重差分估计

模型	(1)	(2)	(3)	(4)	(5)
解释变量	LRL	LRL	LRL	LRL	LRL
GG	-0.064	2.313			
	(-0.02)	(0.67)			
	[0.231]	[3.433]			
T	-9.959**	-2.585			
	(-3.18)	(-0.61)			
	[3.133]	[4.209]			
$GGXY$	1.144	7.127*	-10.16***	6.794*	
	(0.27)	(2.04)	(-3.80)	(2.29)	
	[4.270]	[3.499]	[2.677]	[2.969]	
$YEAR1$					2.891
					(0.74)

续表

模型	(1)	(2)	(3)	(4)	(5)
解释变量	LRL	LRL	LRL	LRL	LRL
					[3.916]
YEAR2					3.929
					(1.03)
					[3.822]
YEAR3					-1.246
					(-0.34)
					[3.718]
YEAR4					-10.92**
					(-2.70)
					[4.046]
YEAR5					-1.892
					(-0.51)
					[3.690]
LABOR		-0.000570***		-0.000500***	-0.000325***
		(-4.89)		(-5.27)	(-4.20)
		[0.000116]		[0.0000950]	[0.0000774]
CR3		0.540*		0.436*	0.340
		(2.36)		(2.38)	(1.73)
		[0.229]		[0.183]	[0.197]
LYSR		0.00748**		0.00831***	0.00712***
		(3.22)		(4.52)	(3.80)
		[0.00232]		[0.00184]	[0.00188]
YSZZ		-0.0536**		-0.0631***	-0.0550***
		(-2.63)		(-4.21)	(-3.64)
		[0.0203]		[0.0150]	[0.0151]
HYJG		-0.00435**		-0.00405**	-0.00259
		(-3.28)		(-3.24)	(-1.92)
		[0.00133]		[0.00125]	[0.00135]
_cons	20.54***	11.92	16.63***	22.03	20.93
	(11.77)	(0.74)	(9.10)	(1.93)	(1.78)

续表

模型	(1)	(2)	(3)	(4)	(5)
解释变量	LRL	LRL	LRL	LRL	LRL
	[1.745]	[16.19]	[1.828]	[11.44]	[11.76]
观测值	66	66	66	66	66
Chi-square 统计量 (Prof>Chi2)	12.38 (0.0000)	122.94 (0.0000)	14.41 (0.0001)	124.08 (0.0000)	133.55 (0.0000)
组内 R^2	0.2991	0.6709	0.1770	0.6642	0.7126
组间 R^2	0.6621	0.8244	0.3259	0.8180	0.7008
总体 R^2	0.1988	0.6964	0.1944	0.6872	0.7049
F 值	3.21				

注：( ) 内是 t 值；[ ] 内是标准误；* $p<0.05$，** $p<0.01$，*** $p<0.001$。

四、稳健性检验

为了检验表 7-4 所列的基于资源配置效率的民航运输业市场化改革绩效的回归结果的稳健性，将各航空公司改革前三年和改革后三年各项指标分别取均值，重新构建面板数据，运用 Stata12.0 计量软件，使用 OLS 估计方法，对资源配置效率进行了双重差分检验，分别见表 7-5。与此同时，与表 7-4 进行对比分析，其结果表明：研究结论并没有发生实质性变化。

表 7-5 利润率的稳健性检验

模型	(1)	(2)	(3)	(4)
解释变量	LRL	LRL	LRL	LRL
GG	-8.097	-11.44		
	(-2.12)	(-1.20)		
	[3.820]	[9.558]		
T	-7.712	-1.586		
	(-2.02)	(-0.425)		
	[3.820]	[4.857]		

续表

模型	(1)	(2)	(3)	(4)
解释变量	LRL	LRL	LRL	LRL
GGXY	3.291	15.89*	-7.247	13.30*
	(0.61)	(3.53)	(-1.98)	(3.25)
	[5.402]	[4.502]	[3.653]	[4.091]
LABOR		-0.0000239		-0.000626*
		(-0.05)		(-3.56)
		[0.000531]		[0.000176]
CR3		0.0000104		0.0000089
		(0.027)		(0.23)
		[0.000248]		[0.000179]
LYSR		0.0274		0.0269
		(1.99)		(1.88)
		[0.0138]		[0.0143]
YSZZ		-0.0440		-0.0675
		(-1.06)		(-1.79)
		[0.0414]		[0.0377]
HYJG		-0.0436		-0.0312
		(-2.54)		(-2.20)
		[0.0172]		[0.0142]
_cons	23.61***	55.41**	18.34***	41.79***
	(8.74)	(4.21)	(10.04)	(6.11)
	[2.701]	[13.16]	[1.827]	[6.845]
观测值	12	12	12	12

注：( )内是t值；[ ]内是标准误；* $p<0.05$，** $p<0.01$，*** $p<0.001$。

第二节　民航运输业基于技术进步效率的改革绩效的实证分析

一、模型设定与变量定义

根据前文的双重差分估计方法和面板数据模型的基本原理，结合民航运输业技术进步效率的评价指标，建立如下的基于技术进步效率的民航运输业市场化改革绩效的基本模型：

$$TFPG_{it} = \beta_0 + \beta_1 GG_{it} + \beta_2 T_{it} + \beta_3 GGXY_{it} + \mu_t + \varphi_i + \varepsilon_{it} \tag{7.6}$$

$$TFPG_{it} = \beta_0 + \beta_1 GG_{it} + \beta_2 T_{it} + \beta_3 GGXY_{it} + \beta_4 RYXH_{it} +$$
$$\beta_5 HYJG_t + \beta_6 CR3_t + \mu_t + \varphi_i + \varepsilon_{it} \tag{7.7}$$

$$TFPG_{it} = \beta_0 + \beta_1 GGXY_{it} + \mu_t + \varphi_i + \varepsilon_{it} \tag{7.8}$$

$$TFPG_{it} = \beta_0 + \beta_1 GGXY_{it} + \beta_2 RYXH_{it} +$$
$$\beta_3 HYJG_t + \beta_4 CR3_t + \mu_t + \varphi_i + \varepsilon_{it} \tag{7.9}$$

$$TFPG_{it} = \beta_0 + \beta_1 YEAR1 + \beta_2 YEAR2 + \beta_3 YEAR3 + \beta_4 YEAR4 +$$
$$\beta_5 YEAR5 + \beta_6 RYXH_{it} + \beta_7 HYJG_t + \beta_8 CR3_t + \mu_t + \varphi_i + \varepsilon_{it} \tag{7.10}$$

表 7-6　全要素生产率相关变量定义与说明

变量	符号	含义
全要素生产率增长率	$TFPG_{it}$	航空公司 i 在 t 年的全要素生产率增长率
燃油消耗	$RYXH_{it}$	航空公司 i 在 t 年的燃油消耗水平
航油价格	$HYJG_t$	中国在 t 年的航空煤油价格水平
市场集中度	$CR3_t$	中国在 t 年的市场集中度

$TFPG_{it}$ 是被解释变量,代表航空公司的全要素生产率增长率。

$RYXH_{it}$ 是控制变量,代表燃油消耗水平,用吨千米航空煤油消耗量表示,等于航空公司航空煤油消耗总量与总周转量的商,单位是千克/吨千米。

$HYJG_t$ 是控制变量,代表航油价格水平,单位是元/吨,是影响航空公司机票价格的经济因素。

$CR3_t$ 是控制变量,代表民航业的市场集中度,是影响航空公司机票价格的经济因素。

二、样本的选取与数据描述

（一）样本的选取与数据来源

通过分析民航运输业 2002 年改革前后全要素生产率增长率的变化来反映此次民航运输市场化改革技术进步效率方面的改革绩效。采集的数据包括横向 6 个个体、纵向 11 年的时间数据。

为了评价民航运输业的市场化改革绩效,选取了目前上市的 6 家航空公司作为调查样本,并分为控制组和处理组两类。处理组是民航直属航空公司,包括中国国际航空公司、中国东方航空公司和中国南方航空公司。控制组是地方航空公司,包括上海航空公司、海南航空公司和山东航空公司。

运用的数据包括 6 家航空公司从 2000 年到 2010 年的相关数据,数据来源是各航空公司的统计年报、《中国民航统计资料汇编（1949～2000）》、《从统计看民航》（2002～2011）。

（二）描述性统计

表 7-7 是 6 家航空公司从 2000 年到 2010 年有关全要素生产率增长率数据的描述性统计,包括全要素生产率增长率、燃油消耗、航油价格和市场集中度。同时,还按照处理组和控制组的区别,分别对上述变量进行了总体、

组间和组内的描述性统计。其中，航油价格和市场集中度代表的是经济因素，对每个航空公司来说都是一样的，因而组间标准差是0。

表7-7 全要素生产率相关变量描述性统计

变量		均值	标准差	最小值	最大值	样本量
$TFPG_{it}$	总体	21.860	17.1400	-6.840	95.63	N=66
	组间		4.3170	16.280	29.18	n=6
	组内		16.680	-6.060	88.31	T=11
$RYXH_{it}$	总体	0.339	0.0535	0.220	0.480	N=66
	组间		0.0340	0.304	0.398	n=6
	组内		0.0434	0.233	0.445	T=11
$HYJG_t$	总体	4223	1155	2753	6440	N=66
	组间		0	4223	4223	n=6
	组内		1155	2753	6440	T=11
$CR3_t$	总体	69.760	5.3740	62.780	78.97	N=66
	组间		0	69.760	69.76	n=6
	组内		5.3740	62.780	78.97	T=11

（三）单变量检验

表7-8是对全要素生产率增长率进行的单变量检验。首先，对控制组和处理组航空公司的全要素生产率增长率进行了单变量检验，处理组航空公司的全要素生产率增长率并不显著地低于控制组。其次，对改革前后航空公司的全要素生产率增长率进行了单变量检验，改革后航空公司的全要素生产率增长率并不显著地低于改革前。这表明民航运输业市场化改革所带来的全要素生产率增长率的变化不显著。

表7-8 全要素生产率的单变量检验

组别	样本数	均值	标准误	标准差	均值之差	T TEST
控制组	33	24.7876	3.1242	17.9474	5.8567	1.3978
处理组	33	18.9310	2.7919	16.0383		(0.1670)
改革前	22	26.9218	4.3078	20.2052	7.5939	1.7218
改革后	44	19.3280	2.2626	15.0083		(0.0899)

注：* $p<0.05$，** $p<0.01$，*** $p<0.001$。

三、实证检验结果与分析

（一）实证回归结果

运用Stata12.0计量软件，以全要素生产率增长率为解释变量，将中国国际航空公司、中国东方航空公司、中国南方航空公司、上海航空公司、海南航空公司和山东航空公司从2000年到2010年的面板数据分别输入模型（7.6）、模型（7.7）、模型（7.8）、模型（7.9）和模型（7.10）。其中，模型（7.6）、模型（7.7）和模型（7.8）在进行Hausman检验时接受了原假设，所以采用随机效应模型对其进行估计；模型（7.9）和模型（7.10）在进行Hausman检验时拒绝了原假设，所以采用固定效应模型对其进行估计。回归结果如表7-9所示。

（二）结果数据分析

表7-9 全要素生产率的双重差分估计

模型	(6)	(7)	(8)	(9)	(10)
解释变量	TFPG	TFPG	TFPG	TFPG	TFPG
GG	-21.99**	-27.05***			
	(-3.19)	(-4.18)			
	[6.897]	[6.474]			
T	-20.80***	-26.21***			
	(-3.35)	(-3.42)			

续表

模型	(6)	(7)	(8)	(9)	(10)
解释变量	TFPG	TFPG	TFPG	TFPG	TFPG
	[6.217]	[7.659]			
GGXY	22.46**	27.37***	3.264	14.91*	
	(2.67)	(3.55)	(0.71)	(2.16)	
	[8.412]	[7.713]	[4.610]	[6.913]	
YEAR1					17.15
					(1.57)
					[10.89]
YEAR2					9.037
					(0.83)
					[10.84]
YEAR3					1.217
					(−0.11)
					[10.76]
YEAR4					2.978
					(0.26)
					[11.52]
YEAR5					4.971
					(−0.49)
					[10.20]
RYXH		−90.96*		−117.3*	−131.3*
		(−2.25)		(−2.12)	(−2.16)
		[40.41]		[55.25]	[60.81]
HYJG		−0.00856***		−0.0122***	−0.00986**
		(−3.49)		(−4.45)	(−3.20)
		[0.00245]		[0.00275]	[0.00308]
CR3		1.569**		0.786	0.680
		(3.06)		(1.59)	(1.20)
		[0.513]		[0.496]	[0.566]
_cons	39.92***	2.094	22.85***	53.95	59.51
	(7.53)	(0.06)	(9.00)	(1.43)	(1.38)

续表

模型	(6)	(7)	(8)	(9)	(10)
解释变量	TFPG	TFPG	TFPG	TFPG	TFPG
	[5.302]	[33.55]	[2.538]	[37.72]	[43.15]
观测值	66	66	66	66	66
Chi-square 统计量（Prof > Chi2）	13.52 (0.0036)	33.74 (0.0000)	0.50 (0.4788)	5.14 (0.0013)	2.26 (0.0369)
组内 R^2	0.1589	0.3984	0.0024	0.2684	0.2584
组间 R^2	0.5344	0.1791	0.6315	0.5301	0.2411
总体 R^2	0.1790	0.3638	0.0078	0.0848	0.1472
F 值				2.38	1.41

注：( ) 内是 t 值；[ ] 内是标准误；* $p < 0.05$, ** $p < 0.01$, *** $p < 0.001$。

表 7-9 的（1）栏报告了模型（6）的随机效应的估计值，其结果说明：民航直属航空公司的全要素生产率增长率显著地低于地方航空公司；随着时间的推移，民航运输业的全要素生产率增长率显著地下降了；民航运输业的市场化改革显著地提高了技术进步效率。表 7-9 的（2）栏报告了模型（7）的随机效应的估计值，其结果说明：民航直属航空公司的全要素生产率增长率显著地低于地方航空公司；随着时间的推移，民航运输业的全要素生产率增长率显著地下降了；民航运输业的市场化改革显著地提高了技术进步效率；燃油消耗的提高显著地降低了全要素生产率增长率；航油价格的提高显著地降低了全要素生产率增长率；市场集中度的提高显著地提高了全要素生产率增长率。表 7-9 的（3）栏报告了模型（8）的随机效应的估计值，其结果说明：民航运输业的市场化改革提高了技术进步效率，但不显著。表 7-9 的（4）栏报告了模型（9）的固定效应的估计值，其结果说明：民航运输业的市场化改革显著地提高了技术进步效率；燃油消耗的提高显著地降低了全要素生产率增长率；航油价格的提高显著地降低了全要素生产率增长率；市场集中度的提高提高了全要素生产率增长率，但不显著。表 7-9 的（5）栏报告了模型（10）的固定效应的估计值，其结果说明：民航运输业市场化改革

实施后技术进步效率提高了,但不显著;燃油消耗的提高显著地降低了全要素生产率增长率;航油价格的提高显著地降低了全要素生产率增长率;市场集中度的提高提高了全要素生产率增长率,但不显著。

四、稳健性检验

为了检验表7-9所列的基于全要素生产率增长率的民航运输业市场化改革绩效的回归结果的稳健性,将各航空公司改革前三年和改革后三年各项指标分别取均值,重新构建面板数据,运用Stata12.0计量软件,使用OLS估计方法,对全要素生产率增长率进行了双重差分检验,分别见表7-10。与此同时,与表7-9进行对比分析,其结果表明:研究结论并没有发生实质性变化。

表7-10 全要素生产率的稳健性检验

模型	(6)	(7)	(8)	(9)
解释变量	TFPG	TFPG	TFPG	TFPG
GG	-22.7000**	-31.910*		
	(-3.4500)	(-2.580)		
	[6.5860]	[12.390]		
T	-17.2900*	-38.640		
	(-2.6300)	(-1.560)		
	[6.5860]	[24.690]		
GGXY	23.9700*	30.120	-2.6930	4.1310
	(2.5700)	(1.950)	(-0.3500)	(0.2700)
	[9.3140]	[15.420]	[7.7860]	[15.2100]
RYXH		-53.260		72.8400
		(-0.560)		(0.6700)
		[94.620]		[108.9000]
HYJG		-0.0130		0.00884
		(-0.660)		(0.4800)

续表

模型	(6)	(7)	(8)	(9)
解释变量	TFPG	TFPG	TFPG	TFPG
		[0.0198]		[0.0183]
CR3		370.900		-203.8000
		(0.8400)		(-0.8600)
		[440.4000]		[237.0000]
_cons	39.9200***	-135.3000	26.5900***	107.0000
	(8.5700)	(-0.6100)	(6.8300)	(0.8600)
	[4.6570]	[222.4000]	[3.8930]	[124.8000]
观测值	12	12	12	12

注：( ) 内是 t 值；[ ] 内是标准误；* $p<0.05$，** $p<0.01$，*** $p<0.001$。

第三节 民航运输业基于生产效率的改革绩效的实证分析

一、民航运输业基于劳动者人数的改革绩效的实证分析

（一）模型设定与变量定义

根据前文的双重差分估计方法和面板数据模型的基本原理，结合民航运输业生产效率的评价指标，建立如下的基于劳动者人数的民航运输业市场化改革绩效的基本模型：

$$\ln LABOR_{it} = \beta_i + \beta_1 GG_{it} + \beta_2 T_{it} + \beta_3 GGXY_{it} + \mu_t + \varphi_i + \varepsilon_{it} \quad (7.11)$$

$$\ln LABOR_{it} = \beta_i + \beta_1 GG_{it} + \beta_2 T_{it} + \beta_3 GGXY_{it} + \beta_4 \ln LKYSL_{it} + \beta_5 \ln JDGM_{it} + \mu_t + \varphi_i + \varepsilon_{it} \quad (7.12)$$

$$\ln LABOR_{it} = \beta_i + \beta_1 GGXY_{it} + \mu_t + \varphi_i + \varepsilon_{it} \qquad (7.13)$$

$$\ln LABOR_{it} = \beta_i + \beta_1 GGXY_{it} + \beta_2 \ln LKYSL_{it} +$$
$$\beta_3 \ln JDGM_{it} + \mu_t + \varphi_i + \varepsilon_{it} \qquad (7.14)$$

$$\ln LABOR_{it} = \beta_i + \beta_1 YEAR1 + \beta_2 YEAR2 + \beta_3 YEAR3 + \beta_4 YEAR4 + \beta_5 YEAR5 +$$
$$\beta_6 \ln LKZYL_{it} + \beta_7 \ln JDGM_{it} + \mu_t + \varphi_i + \varepsilon_{it} \qquad (7.15)$$

$\ln LABOR_{it}$ 是被解释变量，代表航空公司劳动者人数的自然对数。

$\ln LKYSL_{it}$ 是控制变量，代表旅客运输量的自然对数。

$\ln JDGM_{it}$ 是控制变量，代表机队规模的自然对数。

表 7 – 11　劳动者人数相关变量定义与说明

变量	符号	含义
劳动者人数的自然对数	$\ln LABOR_{it}$	航空公司 i 在 t 年劳动者人数的自然对数
旅客运输量的自然对数	$\ln LKYSL_{it}$	航空公司 i 在 t 年旅客运输量的自然对数
机队规模的自然对数	$\ln JDGM_{it}$	航空公司 i 在 t 年机队规模的自然对数

（二）样本的选取与数据描述

1. 样本的选取与数据来源

通过分析民航运输业 2002 年改革前后劳动者人数的变化来反映此次民航运输市场化改革技术进步效率方面的改革绩效。采集的数据包括横向 6 个个体、纵向 11 年的时间数据。

为了评价民航运输业的市场化改革绩效，选取了目前上市的 6 家航空公司作为调查样本，并分为控制组和处理组两类。处理组是民航直属航空公司，记为 A，包括中国国际航空公司、中国东方航空公司和中国南方航空公司。控制组是地方航空公司，记为 B，包括上海航空公司、海南航空公司和山东航空公司。

运用的数据包括 6 家航空公司从 2000 年到 2010 年的相关数据，数据来源是各航空公司的统计年报、《中国民航统计资料汇编（1949~2000）》、《从统计看民航》(2002~2011)。

2. 描述性统计

表7-12是6家航空公司2000~2010年有关劳动者人数的数据的描述性统计,包括劳动者人数、劳动者人数的自然对数、旅客运输量的自然对数和机队规模的自然对数。同时,还按照处理组和控制组的区别,分别对上述变量进行了总体、组间和组内的描述性统计。

表7-12 劳动者人数相关变量描述性统计

变量		均值	标准差	最小值	最大值	样本量
LABOR	总体	15816	14669	824	65085	N = 66
	组间		12752	2487	30430	n = 6
	组内		8807	-2627	50470	T = 11
ln LABOR	总体	9.183	1.083	6.714	11.08	N = 66
	组间		1.071	7.655	10.21	n = 6
	组内		0.452	8.130	10.05	T = 11
ln LKYSL	总体	16.360	1.005	14.10	18.15	N = 66
	组间		0.900	15.06	17.40	n = 6
	组内		0.570	15.30	17.41	T = 11
ln JDGM	总体	4.428	0.933	2.773	6.045	N = 66
	组间		0.882	3.270	5.402	n = 6
	组内		0.461	3.458	5.304	T = 11

3. 单变量检验

表7-13是对劳动者人数进行的单变量检验。首先,对控制组和处理组航空公司的劳动者人数进行了单变量检验,处理组航空公司的劳动者人数显著地高于控制组。其次,对改革前后航空公司的劳动者人数进行了单变量检验,改革后航空公司的劳动者人数高于改革前,但不显著。这表明民航运输业市场化改革在一定程度上提高了民航运输业的技术进步效率。

表7-13 劳动者人数的单变量检验

组别	样本数	均值	标准误	标准差	均值之差	T TEST
控制组	33	4769.0610	484.6293	2783.9830	-22093.18	-9.3214***
处理组	33	26862.2400	2320.0910	13327.9100		(0.0000)
改革前	22	11006.8200	1609.4760	7549.1130	-7213.25	-1.9219
改革后	44	18220.0700	2521.1770	16723.6000		(0.0591)

注：* $p < 0.05$, ** $p < 0.01$, *** $p < 0.001$。

(三) 实证检验结果与分析

1. 实证回归结果

运用Stata12.0计量软件，以劳动者人数为解释变量，将中国国际航空公司、中国东方航空公司、中国南方航空公司、上海航空公司、海南航空公司和山东航空公司从2000年到2010年的面板数据分别输入模型 (7.11)、模型 (7.12)、模型 (7.13)、模型 (7.14) 和模型 (7.15)。其中，模型 (7.11) 和模型 (7.12) 在进行Hausman检验时接受了原假设，所以采用随机效应模型对其进行估计；模型 (7.13)、模型 (7.14) 和模型 (7.15) 在进行Hausman检验时拒绝了原假设，所以采用固定效应模型对其进行估计。回归结果如表7-14所示。

2. 结果数据分析

表7-14的（1）栏报告了模型（11）的随机效应的估计值，其结果说明：民航直属航空公司的劳动者人数显著地高于地方航空公司；随着时间的推移，民航运输业的劳动者人数显著地提高了；民航运输业的市场化改革提高了技术进步效率，但不显著。表7-14的（2）栏报告了模型（12）的随机效应的估计值，其结果说明：民航直属航空公司的劳动者人数显著地高于地方航空公司；随着时间的推移，民航运输业的劳动者人数提高了，但不显著；民航运输业的市场化改革显著地提高了技术进步效率；旅客运输量的提高显著地提高了劳动者人数，上升幅度54.2%；机队规模的提高也增加了劳动者人数，上升幅度21%，但不显著。表7-14的（13）栏报告了模型

(13) 的固定效应的估计值,其结果说明:民航运输业的市场化改革显著地降低了技术进步效率。表7-14 的(4)栏报告了模型(14)的固定效应的估计值,其结果说明:民航运输业的市场化改革提高了技术进步效率,但不显著;旅客运输量的提高显著地提高了劳动者人数,上升幅度61.3%;机队规模的提高也增加了劳动者人数,上升幅度22.3%,但不显著。表7-14 的(5)栏报告了模型(15)的固定效应的估计值,其结果说明:民航运输业市场化改革实施后的第一年和第二年技术进步效率下降了,但不显著;第三年、第四年和第五年技术进步效率提高了,但不显著;旅客运输量的提高显著地提高了劳动者人数,上升幅度58%;机队规模的提高也增加了劳动者人数,上升幅度17.1%,但不显著。

表7-14 劳动者人数的双重差分估计

模型	(11)	(12)	(13)	(14)	(15)
解释变量	ln LABOR	ln LABOR	ln LABOR	ln LABOR	ln LABOR
GG	1.9960***	0.9010**			
	(4.9200)	(3.1500)			
	[0.4060]	[0.2860]			
T	0.8110***	0.1630			
	(6.8900)	(1.3000)			
	[0.1180]	[0.1250]			
GGXY	-0.1240	-0.2980*	0.6900***	-0.2280	
	(-0.7700)	(-2.4100)	(4.7200)	(-1.9100)	
	[0.1600]	[0.1240]	[0.1460]	[0.1190]	
YEAR1					0.0866
					(0.5600)
					[0.1530]
YEAR2					0.0041
					(0.0300)
					[0.1560]
YEAR3					-0.0816

续表

模型	(11)	(12)	(13)	(14)	(15)
解释变量	ln LABOR	ln LABOR	ln LABOR	ln LABOR	ln LABOR
					(−0.5200)
					[0.1570]
YEAR4					−0.1370
					(−0.8600)
					[0.1590]
YEAR5					−0.1180
					(−0.7400)
					[0.1610]
ln LKYSL		0.5420***		0.6130***	0.5800***
		(3.5000)		(4.1800)	(3.7600)
		[0.1550]		[0.1470]	[0.1540]
ln JDGM		0.2100		0.2230	0.1710
		(1.1900)		(1.2200)	(0.9000)
		[0.1770]		[0.1820]	[0.1900]
_cons	7.6820***	−1.0800	8.9740***	−1.7600	−1.0490
	(26.5200)	(−0.5700)	(134.8200)	(−1.0200)	(−0.5900)
	[0.2900]	[1.9060]	[0.0666]	[1.7240]	[1.7710]
观测值	66	66	66	66	66
Chi-square 统计量 (Prof>Chi2)	108.8500 (0.0000)	274.5900 (0.0000)	22.2800 (0.0000)	62.7900 (0.0000)	24.1500 (0.0000)
组内 R^2	0.5992	0.7756	0.2741	0.7677	0.7613
组间 R^2	0.8591	0.9761	0.8010	0.9678	0.9746
总体 R^2	0.8139	0.9412	0.5021	0.9044	0.9040
F 值			34.8000	13.0500	11.8900

注：( ) 内是 t 值；[ ] 内是标准误；* $p<0.05$，** $p<0.01$，*** $p<0.001$。

（四）稳健性检验

为了检验表 7−14 所列的基于劳动者人数的民航运输业市场化改革绩效的回归结果的稳健性，将各航空公司改革前三年和改革后三年各项指标取均值,重新构建面板数据,运用 Stata12.0 计量软件,使用 OLS 估计方法,对劳动者人数进行了双重差分检验,分别见表 7-15。与此同时,与表 7-14 进行对比分析,其结果表明:研究结论并没有发生实质性变化。

表 7-15 劳动者人数的稳健性检验

模型	(11)	(12)	(13)	(14)
解释变量	ln LABOR	ln LABOR	ln LABOR	ln LABOR
GG	2.0760**	0.6530		
	(4.7000)	(1.2400)		
	[0.4420]	[0.5280]		
T	0.5090	-0.0159		
	(1.1500)	(-0.0500)		
	[0.4420]	[0.3060]		
GGXY	-0.0262	-0.2490	1.6970*	-0.2730
	(-0.0400)	(-0.6300)	(2.6300)	(-0.8200)
	[0.6250]	[0.3920]	[0.6450]	[0.3320]
ln LKYSL		0.7320		0.4650
		(1.3700)		(0.8900)
		[0.5340]		[0.5220]
ln JDGM		0.2020		0.8180
		(0.3000)		(1.4600)
		[0.6810]		[0.5620]
_cons	7.7180***	-3.8860	8.5790***	-1.8730
	(24.6900)	(-0.6400)	(26.5900)	(-0.3100)
	[0.3130]	[6.0780]	[0.3230]	[6.1070]
N	12	12	12	12

注:( )内是 t 值;[ ]内是标准误;* $p<0.05$,** $p<0.01$,*** $p<0.001$。

二、民航运输业基于机队规模的改革绩效的实证分析

(一) 模型设定与变量定义

根据前文的双重差分估计方法和面板数据模型的基本原理,结合民航运输业生产效率的评价指标,建立如下的基于机队规模的民航运输业市场化改革绩效的基本模型:

$$\ln JDGM_{it} = \beta_i + \beta_1 GG_{it} + \beta_2 T_{it} + \beta_3 GGXY_{it} + \mu_t + \varphi_i + \varepsilon_{it} \tag{7.16}$$

$$\ln JDGM_{it} = \beta_i + \beta_1 GG_{it} + \beta_2 T_{it} + \beta_3 GGXY_{it} + \beta_4 \ln ZZZL_{it}$$
$$+ \beta_5 \ln LABOR_{it} + \mu_t + \varphi_i + \varepsilon_{it} \tag{7.17}$$

$$\ln JDGM_{it} = \beta_i + \beta_1 GGXY_{it} + \mu_t + \varphi_i + \varepsilon_{it} \tag{7.18}$$

$$\ln JDGM_{it} = \beta_i + \beta_1 GGXY_{it} + \beta_2 \ln ZZZL_{it}$$
$$+ \beta_3 \ln LABOR_{it} + \mu_t + \varphi_i + \varepsilon_{it} \tag{7.19}$$

$$\ln JDGM_{it} = \beta_i + \beta_1 YEAR1 + \beta_2 YEAR2 + \beta_3 YEAR3 + \beta_4 YEAR4$$
$$+ \beta_5 YEAR5 + \beta_6 \ln ZZZL_{it} + \beta_7 \ln LABOR_{it} + \mu_t + \varphi_i + \varepsilon_{it} \tag{7.20}$$

$\ln JDGM_{it}$ 是被解释变量,代表机队规模的自然对数。

$\ln ZZZL_{it}$ 是控制变量,代表总周转量的自然对数。

$\ln LABOR_{it}$ 是控制变量,代表航空公司劳动者人数的自然对数。

表7-16 机队规模相关变量定义与说明

变量	符号	含义
机队规模的自然对数	$\ln JDGM_{it}$	航空公司 i 在 t 年机队规模的自然对数
总周转量的自然对数	$\ln ZZZL_{it}$	航空公司 i 在 t 年总周转量的自然对数
劳动者人数的自然对数	$\ln LABOR_{it}$	航空公司 i 在 t 年劳动者人数的自然对数

(二) 样本的选取与数据描述

1. 样本的选取与数据来源

通过分析民航运输业 2002 年改革前后机队规模的变化来反映此次民航运输市场化改革技术进步效率方面的改革绩效。采集的数据包括横向 6 个个体、纵向 11 年的时间数据。

为了评价民航运输业的市场化改革绩效，选取了目前上市的 6 家航空公司作为调查样本，并分为控制组和处理组两类。处理组是民航直属航空公司，记为 A，包括中国国际航空公司、中国东方航空公司和中国南方航空公司。控制组是地方航空公司，记为 B，包括上海航空公司、海南航空公司和山东航空公司。

运用的数据包括 6 家航空公司从 2000 年到 2010 年的相关数据，数据来源是各航空公司的统计年报、《中国民航统计资料汇编（1949~2000）》、《从统计看民航》（2002~2011）。

2. 描述性统计

表 7-17 是 6 家航空公司从 2000 年到 2010 年有关机队规模的数据的描述性统计，包括机队规模、机队规模的自然对数、总周转量的自然对数和劳动者人数的自然对数。同时，还按照处理组和控制组的区别，分别对上述变量进行了总体、组间和组内的描述性统计。

表 7-17 机队规模相关变量描述性统计

变量		均值	标准差	最小值	最大值	样本量
JDGM	总体	125.0000	110.2000	16.0000	422.0000	N=66
	组间		91.9000	27.1800	250.0000	n=6
	组内		70.7100	-20.9700	325.7000	T=11

续表

变量		均值	标准差	最小值	最大值	样本量
ln JDGM	总体	4.4280	0.9330	2.7730	6.0450	N = 66
	组间		0.8820	3.2700	5.4020	n = 6
	组内		0.4610	3.4580	5.3040	T = 11
ln ZZZL	总体	12.3200	1.1960	9.4930	14.1700	N = 66
	组间		1.1380	10.5800	13.4400	n = 6
	组内		0.5770	10.9300	13.2800	T = 11
ln LABOR	总体	9.1830	1.0830	6.7140	11.0800	N = 66
	组间		1.0710	7.6550	10.2100	n = 6
	组内		0.4520	8.1300	10.0500	T = 11

3. 单变量检验

表7-18是对机队规模进行的单变量检验。首先,对控制组和处理组航空公司的机队规模进行了单变量检验,处理组航空公司的机队规模显著地高于控制组。其次,对改革前后航空公司的机队规模进行了单变量检验,改革后航空公司的机队规模显著地高于改革前。这表明民航运输业市场化改革在一定程度上提高了民航运输业的技术进步效率。

表7-18 机队规模的单变量检验

组别	样本数	均值	标准误	标准差	均值之差	T TEST
控制组	33	45.5455	4.4313	25.4560	-158.9697	-8.4646*** (0.0000)
处理组	33	204.5152	18.2502	104.8392		
改革前	22	74.7273	11.3113	53.0545	-75.4546	-2.7514** (0.0077)
改革后	44	150.1818	18.4898	122.6472		

注:* $p < 0.05$, ** $p < 0.01$, *** $p < 0.001$。

(三)实证检验结果与分析

1. 实证回归结果

运用Stata12.0计量软件,以机队规模为解释变量,将中国国际航空公司、中国东方航空公司、中国南方航空公司、上海航空公司、海南航空公司和山东航空公司从2000年到2010年的面板数据分别输入模型（7.16）、模型（7.17）、模型（7.18）、模型（7.19）和模型（7.20）。这五个模型在进行Hausman检验时都接受了原假设，所以都采用随机效应模型对其进行估计。回归结果如表7-19所示。

2. 结果数据分析

表7-19的（1）栏报告了模型（16）的随机效应的估计值，其结果说明：民航直属航空公司的机队规模显著地高于地方航空公司；随着时间的推移，民航运输业的机队规模显著地提高了；民航运输业的市场化改革提高了机队规模，但不显著。表7-19的（2）栏报告了模型（17）的随机效应的估计值，其结果说明：民航直属航空公司的机队规模高于地方航空公司，但不显著；随着时间的推移，民航运输业的机队规模提高了，但不显著；民航运输业的市场化改革显著地提高了机队规模；总周转量的提高显著地提高了机队规模，上升幅度61.4%；劳动者人数的提高也增加了机队规模，上升幅度3.82%，但不显著。表7-19的（3）栏报告了模型（18）的随机效应的估计值，其结果说明：民航运输业的市场化改革显著地提高了机队规模。表7-19的（4）栏报告了模型（19）的随机效应的估计值，其结果说明：民航运输业的市场化改革显著地提高了机队规模；总周转量的提高显著地提高了机队规模，上升幅度58.7%；劳动者人数的提高也增加了机队规模，上升幅度5.81%，但不显著。

表7-19的（5）栏报告了模型（20）的随机效应的估计值，其结果说明：民航运输业市场化改革实施后的五年间机队规模提高了，但不显著；总周转量的提高显著地提高了机队规模，上升幅度66.2%；机队规模的提高也增加了机队规模，上升幅度6.81%，但不显著。

表7-19 机队规模的双重差分估计

模型	(16)	(17)	(18)	(19)	(20)
解释变量	ln JDGM	ln JDGM	ln JDGM	ln JDGM	ln JDGM
GG	1.4290***	0.05110			
	(4.2000)	(0.1800)			
	[0.3400]	[0.2870]			
T	0.6760***	0.0393			
	(6.5800)	(0.4200)			
	[0.1030]	[0.0943]			
GGXY		0.2630	0.3500***	1.0150***	0.3290***
		(1.8800)	(4.0800)	(7.9800)	(4.6400)
		[0.1400]	[0.0859]	[0.1270]	[0.0709]
YEAR1					0.0702
					(0.6000)
					[0.1180]
YEAR2					0.0413
					(0.3500)
					[0.1180]
YEAR3					0.1020
					(0.8600)
					[0.1190]
YEAR4					0.1940
					(1.6200)
					[0.1200]
YEAR5					0.1880
					(1.5600)
					[0.1200]
ln ZZZL			0.6140***	0.5870***	0.6620***
			(6.8000)	(7.3800)	(7.4000)
			[0.0904]	[0.0795]	[0.0895]
ln LABOR			0.0382	0.0581	0.0681
			(0.3900)	(0.6200)	(0.6200)
			[0.0979]	[0.0938]	[0.1090]

续表

模型	(16)	(17)	(18)	(19)	(20)
解释变量	ln JDGM	ln JDGM	ln JDGM	ln JDGM	ln JDGM
_cons	3.1840***	-3.5990***	4.1200***	-3.4330***	-4.3810***
	(13.1100)	(-5.2100)	(23.3700)	(-7.0600)	(-9.0400)
	[0.2430]	[0.6900]	[0.1760]	[0.4860]	[0.4850]
观测值	66	66	66	66	66
Chi-square (Prof>Chi2)	161.8800 (0.0000)	520.3400 (0.0000)	63.6300 (0.0000)	557.6400 (0.0000)	419.0400 (0.0000)
组内 R^2	0.7056	0.8914	0.4890	0.8909	0.8615
组间 R^2	0.8663	0.9592	0.8327	0.9588	0.9590
总体 R^2	0.8271	0.9426	0.6228	0.9419	0.9352

注：( ) 内是 t 值；[ ] 内是标准误；* $p<0.05$，** $p<0.01$，*** $p<0.001$。

（四）稳健性检验

为了检验表 7-19 所列的基于机队规模的民航运输业市场化改革绩效的回归结果的稳健性，将各航空公司改革前三年和改革后三年各项指标取均值，重新构建面板数据，运用 Stata12.0 计量软件，使用 OLS 估计方法，对机队规模进行了双重差分检验，分别见表 7-20。与此同时，与表 7-19 进行对比分析表明：研究结论并没有发生实质性变化。

表 7-20 机队规模的稳健性检验

模型	(11)	(12)	(13)	(14)
解释变量	ln JDGM	ln JDGM	ln JDGM	ln JDGM
GG	1.5170**	0.2570		
	(4.5400)	(0.5100)		
	[0.33400]	[0.50200]		
T	0.4860	0.1710		
	(1.4500)	(0.6000)		
	[0.3340]	[0.2840]		

续表

模型	(11)	(12)	(13)	(14)
解释变量	ln JDGM	ln JDGM	ln JDGM	ln JDGM
GGXY	0.1220	0.1360	1.4570*	0.2440
	(0.2600)	(0.4100)	(3.1100)	(0.9900)
	[0.4730]	[0.3340]	[0.4690]	[0.2470]
ln ZZZL		0.0502		0.2360
		(0.0800)		(0.4800)
		[0.6230]		[0.4890]
ln LABOR		0.5540		0.4480
		(0.9400)		(0.9000)
		[0.5890]		[0.4970]
_cons	3.2130***	-1.5950	3.8800***	-2.6910
	(13.6000)	(-0.5800)	(16.5600)	(-1.6700)
	[0.2360]	[2.7280]	[0.2340]	[1.6130]
N	12	12	12	12

注：( ) 内是 t 值；[ ] 内是标准误；* $p<0.05$，** $p<0.01$，*** $p<0.001$。

综上所述，本章使用六大上市航空公司从 2000 年到 2010 年的面板数据，对民航运输业基于市场绩效的市场化改革绩效进行了双重差分检验。民航运输业基于资源配置效率的市场化改革绩效的实证研究结果表明：民航运输业的市场化改革在对于民航运输业利润率的提高方面是比较显著的，但不具有显著的政策时效性，这说明此次改革提高了资源配置效率。民航运输业基于技术进步效率的市场化改革绩效的实证研究结果表明：民航运输业的市场化改革使得民航运输业的全要素生产率显著提高，这说明技术进步效率方面的改革绩效非常显著。民航运输业基于生产效率的市场化改革绩效的实证研究结果表明：民航运输业的市场化改革在使得民航运输业劳动者人数有所下降的同时，机队规模大幅度显著提高，这说明生产方面的改革绩效非常显著。

第八章 研究结论与展望

目前，民航运输业已成为中国整个交通运输体系的重要组成部分。近几十年以来，民航运输产业的增长速度大大超过 GDP 的增长速度，在国民经济运行中的作用越来越重要。但是中国的民航运输产业仍然属于朝阳产业，民航运输产业的增长是在原来的体制下进行扩大再生产的结果，其发展的速度虽然比较快，但是尚未完全进入稳定期。因此，在未来的几十年里，中国的民航运输产业仍然存在广阔的发展空间和巨大的潜力。时至今日，距离上次改革已经将近十年，目前的市场结构、市场行为和市场绩效如何，改革对民航运输业和民航公司效益的促进作用有多大，中国民航运输业市场化改革的效果究竟如何，这些问题的答案是民航运输业继续深化改革的关键。从实践方面看，随着民航运输业市场化改革的逐渐推进，对民航运输业的认识和看法引起学术界和政策层面的广泛关注。改革绩效的判断已成为正确评价民航运输业改革绩效的关键环节，直接关系到继续深化改革的路径选择。民航运输业市场化改革是否实现了预期的效果，超过或背离改革目标的程度如何，正是本书所关注的问题。

首先，本书指出了研究背景和研究意义，在对国内外的研究现状进行梳理和评价的基础上，提出研究框架和研究内容，并交代研究方法、技术路线和创新点；其次，本书介绍了涉及的概念和相关理论，包括民航运输业概述、自然垄断产业的规制理论、民航运输业的自然垄断、竞争与政府规制三个方面；再次，本书在对民航运输业市场化改革的历程进行分析的基础上，从监管体制改革、竞争引入、产权重组以及公司治理调整四个方面详细分析中国民航运输业市场化改革的内容，并分别研究民航运输业市场结构和市场行为的变迁；又次，本书以民航运输业市场化改革目标为导向，在民航运输业改革绩效评价体系的设计原则和设计方法的基础上，构建民航运输业改革绩效的评价体系；最后，本书使用双重差分模型，以民航公司的微观数据为基础，分别对民航运输业基于机票价格、服务总量和市场绩效的市场化改革绩效进行了实证研究。

第一节 研究结论

第一，民航运输业市场化改革分析的相关结论。中国民航运输以监管体制改革、竞争引入和规范、产区重组以及公司治理调整等方面的内容为核心的市场化改革的目标在于：形成合理票价、增加民航供给和提高市场绩效。民航运输业的市场化改革不仅造成了以市场集中度和进入壁垒为代表的市场结构的变迁，还导致了价格行为、企业组织调节行为、服务竞争以及新技术竞争等市场行为的变迁。这些市场结构和市场行为的变化无疑都会带来市场化改革绩效的改变。

第二，民航运输业市场化改革绩效评价体系的构建。在航空公司的微观研究视角下，以形成合理票价、增加民航供给、改善市场绩效的民航运输业市场化改革目标为导向，根据产业组织理论的产业绩效评价理论，机票价格是民航运输业市场化改革绩效评价的关键指标，服务总量是民航运输业市场化改革绩效评价的基本指标，市场绩效是民航运输业市场化改革绩效评价的核心指标。因此，遵循民航运输业的市场化改革绩效评价体系的设计原则，从机票价格、服务总量和市场绩效三个维度构建的民航运输业市场化改革绩效评价体系，能够科学、全面、准确衡量民航运输业的市场化改革绩效。其中，服务总量涉及总周转量、旅客运输量、货邮载运量和飞行里程四个评价指标；而市场绩效则包括资源配置效率（利润率）、技术进步效率（全要素生产率）和生产效率（劳动者人数和机队规模）三个方面、四个评价指标。

第三，民航运输业基于机票价格市场化改革绩效的实证研究结论。使用六大上市航空公司从 2000 年到 2010 年的面板数据，对民航运输业基于机票价格进行双重差分检验表明：民航运输业的市场化改革在一定程度上降低了机票价格，但并不显著；从政策的时效性上讲，民航运输业市场化改革带来了机票价格的下降，但同样不显著。这说明此次改革虽然使机票价格有所下降，但并没有带来机票价格的实质性下降，这可能是由于目前价格规制所设定的机票价格浮动下限仍然远高于市场充分竞争的价格水平，这也正是进一步市场化改革的着力点。

第四，民航运输业基于服务总量的市场化改革绩效的实证研究结论。使用六大上市航空公司从 2000 年到 2010 年的面板数据，对民航运输业基于服务总量进行双重差分检验表明：民航运输业的市场化改革使得总周转量、旅客运输量、货邮载运量和飞行里程都得到了显著的提高，并且具有 1~3 年的政策时效性。这说明此次改革确实在很大程度上提高了民航运输业的服务总量，但时至今日，市场化改革能够带来民航运输业服务总量增加的能量早已释放完毕。此外，三大航空公司重组后的内部整合尚未完成，也影响了民航运输业服务总量的进一步提高。

第五，民航运输业基于市场绩效的市场化改革绩效的实证研究结论。使用六大上市航空公司从 2000 年到 2010 年的面板数据，对民航运输业基于市场绩效的市场化改革绩效进行了双重差分检验。民航运输业基于资源配置效率的市场化改革绩效的实证研究结果表明：民航运输业的市场化改革在对于民航运输业利润率的提高方面是比较显著的，但不具有显著的政策时效性，这说明此次改革提高了资源配置效率。民航运输业基于技术进步效率的市场化改革绩效的实证研究结果表明：民航运输业的市场化改革使得民航运输业的全要素生产率显著提高，这说明在技术进步效率方面的改革绩效非常显著。民航运输业基于生产效率的市场化改革绩效的实证研究结果表明：民航运输业的市场化改革在使得民航运输业劳动者人数有所下降的同时，机队规模大幅度提高，这说明在生产效率方面的改革绩效非常显著。

第六，从总体上讲，就民航运输业市场化改革的形成合理票价、增加民航供给和改善市场绩效三大改革目标的实现程度而言，市场化改革在提高民航运输业的服务总量方面的改革绩效是最好的，在市场绩效方面的市场化改革绩效次之，而机票价格方面的市场化改革绩效是最差的。

第二节 创新点

第一，目前民航运输业的改革绩效研究仍然没有得到国内外学者足够的重视。已有的研究要么关注的是整个民航运输业市场结构、价格规制或市场绩效的状况，要么是民航公司如何应对民航运输业的市场化改革，即民航运输业产业政策选择，而缺少对民航运输业改革绩效的具体的、深入的研究。本书以改革绩效的检验和判断为研究对象，对民航运输业的改革绩效进行了实证研究，从而判断民航运输业市场化改革是否实现了预期的效果，超过或背离改革目标的程度如何，这在民航运输业的市场化改革领域是一个创新，体现了研究视角的创新。

第二，在相关的理论和中国民航运输业市场化改革实践的基础上，着眼于航空公司的微观研究视角，以民航运输业市场化改革目标为导向，根据产业组织理论的产业绩效评价理论，从机票价格、服务总量和市场绩效三个方面，构建了民航运输业的改革绩效评价体系。这将改变目前民航运输业改革绩效的衡量主要以部分宏观指标（比如，总量、价格、成本、服务质量、利润和行业竞争力等指标）为基础，缺乏统一的、系统的改革绩效评价体系的现状，能够更加全面、准确和科学合理地对中国民航运输业的改革绩效进行评价。

第三，着眼于民航公司层面的微观数据，结合民航运输业市场化改革分步进行的特点，将基于双重差分模型的改革绩效评价模型引入民航运输业改革绩效的实证研究中，使用企业的微观数据对民航运输业的市场化改革绩效进行实证研究。具体来说，将2002年改革被重组的民航总局直属的中国国际航空集团公司、东方航空集团公司和南方航空集团公司视为处理组，而将未被重组的山东航空公司、海南航空公司、上海航空公司三个地方航空公司视为控制组。这在民航运输业以及其他自然垄断产业市场化改革绩效的研究方法上具有一定的创新价值。

第三节　研究不足与未来展望

由于经济现象本身的复杂性，作者在规制经济学理论、计量经济学方法方面存在一些欠缺，以及中国民航运输业市场化改革的复杂性，使得对民航运输业市场化改革绩效的判断研究具有一定的复杂性。因此，对民航运输业市场化改革绩效的研究还有一些不足之处和需要进一步探讨和完善的地方：

第一，构建的民航运输业市场化改革绩效评价体系，是以民航运输业的市场化改革的目标为导向，将来还可以结合民航运输业市场化改革内容进行完善。此外，构建的民航运输业市场化改革绩效评价体系，虽然已经尽可能多地包括民航运输业的微观指标，但仍有遗漏，如航班正常率。

第二，在对民航运输业市场化改革绩效进行实证检验时，主要使用的是微观企业的数据，将来还可以尝试从行业的角度采用其他研究方法（如数据包络分析法）进行对比性的实证检验。

第三，在对民航运输业市场化改革绩效进行实证检验时，运用的数据包括六大航空公司为区分处理组和控制组的虚拟变量，如果航空公司属于民航直属企业，则变量 GG 的取值为 1；而如果航空公司不属于民航直属企业，则变量 GG 的取值为 0。因此，虚拟变量 GG 衡量了民航直属航空公司和地方航空公司之间的差别，如果虚拟变量 GG 的回归系数是正的，就说明民航直属航空公司比地方航空公司的效率高。

参考文献

[1] Andersen P., Petersen N. C. A Procedure for Ranking Efficient Units in Date Envelopment Analysis [J]. Management Science, 1993, 39 (10).

[2] Andrew N. Kleit, Dek Tecrell. Measuring Potential Efficiency Gains from Deregulation of Electricity Generation: A Bayesian Approach [J]. The Review of Economics and Statistics, 2001, 83 (3): 523-530.

[3] Anette Boom and Stefan Buehler. Restructuring Electricity Markets when Demand is Uncertain: Effects on Capacity Investments, Prices and Welfare [Z]. Centre for Industrial Economics Discussion Papers, 2007.

[4] Antoniou, A. Economies of Scale in the Airline Industry: the Evidence Revisited [J]. Logistics and Transportation Review, 1991 (27): 159-184.

[5] Armantier, O. and Richard, O. Exchanges of Cost Information in the Airline Industry [J]. Rand Journal of Economics, 2003 (34): 461-477.

[6] Armstrong, M., Cowan, S. and Vickers, J. Regulatory Reform: Economic Analysis and British Experience [M]. Cambridge, Mass.: MIT Press, 1994.

[7] Averch. H. and L. Johnson, Behavior of the Firm under Regulatory Constraint [J]. American Economic Review, 1962 (52): 1052-1069.

[8] Bacon, R. and Besant. Jones, J. Global Power Reform, Privatization and Liberalization of the Electric Power Industry in Developing Coutries [J]. Annual Review of Energy and the Environment, 2001 (26): 331-359.

[9] Bailey, E. E. and Panzar, J. C. The Contestability of Airline Markets

during the Transition to Deregulation [J]. Law and Contemporary Problems, 1981 (44), Winter: 125 – 145.

[10] Bailey, E. E., David R. Graham, and Daniel P. Kaplan. Deregulating the Airlines, Cambridge: MIT Press, 1985.

[11] Bailey, Elizabeth E. Air transportation Deregulation [J]. Research Paper, 2008.

[12] Barney, Jay B. Types of Competition and the Theory of Strategy: Toward an Integrative Framework [J]. The Academy of Management Review, 1986, 4 (11): 791 – 800.

[13] Berg, Sanford V., and J. Tschirhart. Natural Monopoly Regulation: Principles and Practice [J]. New York: Cambridge University Press, 1988.

[14] Borenstein S., N. L. Rose. How Airline Markets Work or Do They? Boston, Mass: National Bureau of Economics Research, 2008.

[15] Borenstein, Severin. The Evolution of U. S. Airline Competition. The Journal of Economic Perspectives, 1992, 6 (2): 45 – 73.

[16] Bortolotti, B., Fantini, M., Siniscalco, D. Regulation and Privatization. The Case of Electricity [R]. Working Paper. Milan: FEEM, 1999.

[17] Bureau of Industry Economics (BIE), Aviation: International Performance Indicators Research Report 59 [R]. Canberra, Australia, 1994.

[18] Button, Kenneth J. Liberalising European Aviation, Is there an Empty Core Problem? [J]. Journal of Transport Economics and Policy, 1996, 3 (3): 275 – 291.

[19] Caves, D. W., Christensen, Morrison, S. A, Winston, C.. The Evolution of the Airline Industry [M]. Washington, DC: Brookings Institution, 1995.

[20] Charnes, W. W. Cooper and E. Rhodes, Measuring the Efficiency of Decision Making Units [J]. Journal of Operational Research, 1978, (2).

[21] Chichester: Wiley. Im, L. S., Pesaran, M. H., Shin, Y. Testing for

Unit Roots in Dynamic Heterogeneous Panels [J]. Working Paper, Department of Applied Economics, University of Cambridge, 1995.

[22] Christopher R. Knittel. Alternative Regulatory Methods and Firm Efficiency: Stochastic Frontier Evidence from the U.S. Electricity Industry [J]. The Review of Economics and Statistics, 2002 (84): 530 – 540.

[23] Clarkson and Miller. Industrial Organization: Theory, Evidence, and Public Policy [M]. New York: McGraw Hill Book Company, 1982.

[24] Cubbin, Stern. Regulatory Effectiveness: The Impact of Good Regulatory Governance on Electricity Industry Capability in Developing Countries [R]. London Business School, Discussion Paper Series, 2004 (4).

[25] De Alessi, L. The Economics of Property Rights: a Review of the Evidence [J]. Research in Law and Economics, 1980 (2): 1 – 47.

[26] De Vany, and Arhur S. The Effect of Price and Entry Regulation on Airline Output, Capacity and Efficiency [J]. The Bell Journal of Economics, 1975, 1 (6): 327 – 345.

[27] Delfino, J. A., Casarin, A. A. The Reform of the Utilities Sector in Argentina. Discussion Paper [R]. World Institute for Development Economics Research, 2001.

[28] Demsets, H. and K. Lehn. The Structure of Corporate Ownership: Cause and Consequences [J]. Joural of Political Econonmy, 1985 (93).

[29] Distexhe, V., Perelman, S. Technical Efficiency and Productivity Growth in an Era of Deregulation: the Case of Airlines [R]. Paper Presented at the Third European Workshop on Efficiency and Productivity Measurement, CORE, Belgium, 1993.

[30] Dresner, M., Tretheway, M. W. Modeling and Testing the Effect of Market Structure on Price: The Case of International Air Transport [J]. Journal of Transport Economics and Policy 26, 1992 (2): 171 – 184.

[31] Estache, Antonio, Rossi, Martin A. Do Regulation and Ownership Drive the Efficiency of Electricity Distribution? Evidence from Latin America [J]. Economics Letters, Elsevier, 2005, 86 (2): 253 - 257.

[32] Evans W. N., I. Kessides. Structure, Conduct and Performance in the Deregulated Airline Industry [J]. Southern Economic Journal, 1993 (3).

[33] Findlay, Christopher C. Effects of Australian International Air Transport Regulation [J]. The Journal of Industrial Economics, 1985, 34 (2): 199 - 216.

[34] Fink, C., Mattoo, A. & Rathindran, R. An Assessment of Telecommunications Reform in Developing Countrie [Z]. World Bank Working Paper, 2002 (2909).

[35] Fred, L. S. and Cox, B. Airline Deregulation [M], The Concise Encyclopedia of Economics, Liberty Fund Inc, 2. Edition, 2007.

[36] Giovanni Fraquelli, Massimiliano Piacenza, Davide Vannoni, Cost Savings from Generation and Distribution with an Application to Italian Electric Utilities [J]. Journal of Regulatory Economics, Springer, 2005, 28 (3): 289 - 308.

[37] Gomez - Ibanez, J. Regulating Infrastructure: Monopoly, Contracts and Discretion [M]. Cambridge: Harvard University Press. 2003.

[38] Good, D. H., Roller, L. H., Sickles, R. C. Airline Efficiency Differences between Europe and the US: Implications for the Pace of EC Integration and Domestic Regulation [J]. European Journal of Operational Research 80, 1995 (1): 508 - 518.

[39] Graham, David R., Kaplan, Daniel P. and David S. Sibley. Efficiency and Competition in the Airline Industry. The Bell Journal of Economics and Management Science, 1983, 14 (1): 118 - 138.

[40] Gupta, J. P., Sravat, A. K. Development and Project Financing of Private Power Projects in Developing Countries: A Case Study of India [J]. International Journal of Project Management, 1998, 16 (2): 99 - 105.

[41] Gutierrez, L. H. , Berg, S. Telecommunications Liberalization and Regulatory Governance: Lessons from Latin America [J]. Telecommunications Policy, 2000 (24): 865 – 884.

[42] Gutierrez, L. H. The Effect of Endogenous Regulation on Telecommunications Expansion and Efficiency in Latin America [J]. Journal of Regulatory Economics, 2003, 23 (3): 257 – 286.

[43] Hamilton, J. Institutions, Competition and the Performance of Telecommunications Infrastructure in Africa [R]. Working Paper, Florida: Department of Economics, University of Florida. 2001.

[44] Hawdon, D. Performance of Power Sectors in Developing Countries: A Study of Efficiency and World Bank Policy Using Data Envelopment Analysis [J]. Surrey Energy Economics Centre Discussion Paper 88, University of Surrey, 1996.

[45] Hayek, F. A. The Use of Knowledge in Society [J]. American Economic Review, 1945 (35): 519 – 530.

[46] Hendricks, K. , Piccione, M. and Guopfu, T. Entry and Exit in Hub – Spoke Networks [J] . The Rand Journal of Economics, 1997, 28 (2): 291 – 303.

[47] Henisz, W. , and Zelner, B. A. The Institutional Environment for Telecommunications Investment [J]. Journal of Economics and Management Strategy, 2001 (10): 123 – 147.

[48] Holburn, G. F. Political Risk, Political Capabilities and International Investment Strategy: Evidence from the Power Generation Industry [C]. Mimeo, Paper Presented at the 5th Annual EUNIP Conference, Vienna, 29 November – 1 December 2001.

[49] J. Stern, S. Holder. Regulatory Governance: Criteria for Assessing the Performance of Regulatory Systems: An Application to Infrastructure Industries in the Developing Countries of Asia. Utilities Policy, 1999, 1 (8): 33 – 50.

[50] James Bushnell, Catherine Wolfram. Ownership Change, Incentives and

Plant Efficiency: The Divestiture of U. S. Electric Generation Plants, Quot [N]. CSEM Working Paper WP140 (2005).

[51] Jensen, M. C. and Meckling, W. H. Theory of the Firm: Managerial Behavior, Agency Costs and Ownership Structure [J]. Journal of Financial Economics, 1976 (3).

[52] Joskow and Rose, The Effect of Economic Regulation in Schmalensee and Willinged [M]. Handbook of Industrial Organization, New York: Elsevier Science Publishers, Inc, 1989.

[53] Kahn A E. The Economics of Regulation: Principles and Institutions [M]. New York: Wiley. 1971, 11.

[54] Kahn A. Surprises from Deregulation [J]. AEA Papers and Proceedings 78, 1988a, 316.

[55] Kennedy P. A Guide to Econometrics [M]. Cambridge: MIT Press, 1992.

[56] Kennedy, D. Power Sector Regulatory Reform in Transition Economies: Progress and Lessons Learned [J]. European Bank for Reconstruction and Development Working Paper, 2003 (78).

[57] Kira Fabrizio, Nancy Rose and Catherine Wolfram. Does Competition Reduce Costs? Assessing the Impact of Regulatory Restructuring on U. S. Electric Generation Efficiency [N]. NBER Working Paper Number 11001 (2006).

[58] Kirkpatrick, C. , Parker, D. , Zhang, Y. – F. Foreign Investment in Infrastructure in Developing Countries: Does Regulation Make a Difference? [J]. Transnational Corporations, 2006, 15 (1): 143 – 172.

[59] Laffont, J. J. , Tirole, J. The Theory of Procurement and Regulation [M]. Cambridge: MIT Press, 1993.

[60] Leibenstein, H. Allocative Efficiency Versus X – efficiency [J]. American Economic Review, 1966 (56): 392 – 415.

[61] Levine, M. E. Is Regulation Necessary? California Air Transportation and National Regulatory Policy [J]. Yale Law Journal, 1965 (74): 1416 – 1485.

[62] Levine, P. Stern, J. Trillas F. Independent Utility Regulators: Lessons from Monetary Policy [Z]. London Business School Regulation Initiative Working Papers, 2002 (52).

[63] Levy, B., Spiller, P. T. Regulations, Institutions, and Commitment: Comparative Studies of Telecommunications [M]. Cambridge: Cambridge University Press, 1996.

[64] Matthew Barmack, Edward Kahn, Susan Tierney. A Cost – benefit Assessment of Wholesale Electricity Restructuring and Competition In New England [J]. Journal of Regulatory Economics, 2007 (31): 151 – 184.

[65] Mcconell, J. and Servaes, H. Additional Evidence on Equity Ownership and Corporate Value [J]. Journal of Financial Economics, 1990 (2).

[66] Megginson, W. L., Netter, J. M. From State to Market: A Survey of Empirical Studies on Privatization [J]. Journal of Economic Literature, 2001 (39): 321 – 389.

[67] Michael Creel, Montserrat Farell. Economics of Scale in the US Airline Industry after Deregulation: a Fourier Series Approximation [J]. Transportation Research Part E, 2001 (37): 321 – 336.

[68] Morrison, S. A, Winston, C. Enhancing the Performance of the Deregulated Air Transportation System [Z]. Brooking Papers: Microeconomics, 1989.

[69] Morrison, S. and Winston, C. The Dynamics of Airline Pricing and Competition [J]. Deregulated Airline Markets, 2001 (80): 389 – 393.

[70] Mutti, J. and Mural, Y. Airline Travel on the North Atlantic [J]. Journal of Transport Economics and Policy, 1977 (11): 45 – 53.

[71] Nero, G. A Structural Model of Intra European Union Duopoly Airline Competition [J]. Journal of Transport Economics and Policy 30, 1996 (2):

137 – 155.

[72] Newbery, D. M. Privatization, Restructuring and Regulation of Network Industries [M]. Cambridge: MIT Press, 1999.

[73] Nicole Adler, Boaz Golany. Evaluation of Deregulation Airline Networks Using Data Envelopment Analysis Combined with Principal Component Analysis with an Application to Western Europe [J]. European Journal of Operational Research 2001 (132): 260 – 273.

[74] North, D. C. Institutions, Institutional Change and Economic Performance [M]. Cambridge: Cambridge University Press, 1990.

[75] Pabb T. Spiller. The Differential Impact of Airline Regulation on Individual Firms and Markets An Empirical Analysis [J]. Journal of Law and Economics, 1983 (3).

[76] Pablo T. Spiller. The Differential Impact of Airline Regulation on Individual Firms and Markets: An Empirical Analysis [J]. Journal of Law and Economics, 1993, 26 (3): 655 – 689.

[77] Pargal, S. Regulation Private Sector Investment in Infrastructure: Evidence from Latin America [Z]. World Bank Policy Research Working Paper, 2003 (3037).

[78] Parker, D. Economic Regulation: A Review of Issues [J]. Annals of Public and Cooperative Economics, 2002, 73 (4): 493 – 519.

[79] Parker, D., Kirkpatrick, C. Privatization in Developing Countries: A Review of Evidence and Policy Lessons [J]. Journal of Development Studies, 2005, 41 (4): 513 – 541.

[80] Peltzman. Toward a More General Theory of Regulation [J]. Journal of Law and Economics, 1976 (19): 211 – 240.

[81] Plane, P. Privatization, Technical Efficiency and Welfare Consequences: The Case of Coted Ivoire Electricity Company (CIE) [J]. World Devel-

opment, 1999.

[82] Poole, R. W. Jr. and Butler V. Airline Deregulation: The Unfinished Revolution [J]. Regulation, 1999, 1 (22): 8.

[83] Quiggin, J. Evaluating Airline Deregulation in Australia [J]. The Australian Economic Review, 1997, 30 (1): 45 – 56.

[84] R. D. Banker, A. Charnes and W. W. Cooper. Some Models for Estimation Technical and Scale Inefficiencies in Date Envelopment Analysis [J]. Management Science, 1984 (30).

[85] Richard H. K. , Vietor. Contrived Competition: Airline Regulation and Deregulation, 1925 – 1988 [J]. The Business History Review Government and Business, 1990, 64 (1): 61 – 108.

[86] Rungauriyawiboon, Supawat and Coelli, Tim. Regulatory Reform and Economic Performance in US Electricity Generation [R]. CEPA Working Paper Series, 2004, 6.

[87] Scott J. Wallsten. An Econometric Analysis of Telecom Competition, Privatization and Regulation in Africa and America [J]. The Journal of Industrial Economics, 2001 (3): 1 – 19.

[88] Steiner, F. Regulation, Industry Structure and Performance in the Electricity Supply Industry [R]. Economics Department Working Papers No. 238, Paris: OECD, 2000.

[89] Stern, J. Transparency and Accountability in Regulatory Agencies and Central Banks [Z]. London Business School, Mimeo. 2002.

[90] Stern, J. , Trillas, F. Independence and Discretion in Telecommunications Regulation. Lessons from Independent Central Banks [J]. Utilities Policy, Forthcoming, 2003.

[91] Stern, J. and Trillas, F. Regulation of Telecoms: What Works and Why? Lessons from Independent Central Banks [J] . Business Strategy Review,

2001, 12, (4): 17 - 28.

[92] Stern, J. Regulation, Contracts for Utility Services: Substitutes or Complements? [Z]. London Business School, Mimeo, 2002.

[93] Stern, J. Regulation, Contracts for Utility Services: Substitutes or Complements? Lessons from UK Historical Experience [Z]. London Business School Regulation Initiative Working Paper, 2003, (54).

[94] Stern, J. What Makes an Independent Regulator Independent? [J]. Business Strategy Review, 1997, 8 (2): 67 - 84.

[95] Steven A. Morrison, Clifford Winstion. Intercity Transportation Route Structures under Deregulation: Some Assessments Motivated by the Airline Experience [J]. The American Economics Review, 1985, (5): 57 - 61.

[96] Stigler, G. and Friedland, C. What can Regulator Regulate? The Case of Electricity [J]. The Journal of Law and Economics, 1962, 5 (1): 1 - 16.

[97] Straszheim, M. R. Airline Demand Functions on the North Atlantic and Their Pricing Implications [J]. Journal of Transport Economics and Policy, 1978 (12): 179 - 195.

[98] Viton, P. A. Air Deregulation Revisited: Choice of Air Craft, Load Factors, and Marginal - cost Fares for Domestic Air Travel [J]. Transportation Research A20, 1986: 361 - 371.

[99] Waterson M. Regulation of the Firm and Natural Monopoly [M]. Oxford: Basll Blackwell, 1988.

[100] World Bank Bureaucrats in Business: The Economics and Politics of Government Ownership [M]. Oxford and Washington, DC: Oxford University Press and World Bank, 1995.

[101] Youdi Schipper, Piet Rietveld, Peter Nijkamp. Airline Deregulation and External Costs: A Welfare Analysis [J]. Transportation Research Part B, 2003 (37): 699 - 718.

[102] Yunos, J. M. and Hawdon, D. The Efficiency of the National Electricity Board in Malysisa: An Intercourntry Comparison Using DEA [J]. Energy Economics, 1997 (19): 255 – 269.

[103] Zelner, B. A, Henisz, W. J. Political Institutions, Interest Group Competition and Infrastructure Investment in the Electricity Utility Industry: A Cross-national Study [R]. Working Papers. Reginald H. Jones Center, Wharton School, University of Pennsylvania, 2000.

[104] Zhang, Y., Parker D., Kirkpatrick, C. Electricity Sector Reform in Developing Countries: An Econometric Assessment of the Effects of Privatization, Competition and Regulation [R]. Working Paper, The Centre on Regulation and Competition, University of Manchester, 2002.

[105] Zhang, Y. F., Kirkpatrick, C. Parker, D. An Econometric Assessing the Effects of Privatization, Competition and Regulation on Economic Performance: The Case of Electricity Sector Reform [R]. National University of Singapore, SCAPE Working Paper, 2005 (11).

[106] Zhang. Yin – Fang, David. Parker and Colin. Kirkpatrick Electricity Sector Reform in Developing Countries: an Econometric Assessment of the Effects of Privatization, Competition and Regulation [J]. Journal of Regulatory Economics. 2008 (33): 159 – 178.

[107] 白云飞, 任旭. 基于可竞争市场理论构建民航业价格约束机制研究 [J]. 生产力研究, 2009 (11): 106 – 111.

[108] 曹建海. 自然垄断行业的竞争与管制问题研究——以中国民航业为例 [J]. 中国工业经济, 2002 (11): 38 – 46.

[109] 曹锦周, 戴昌钧. 中国民航业规制改革及其绩效的实证研究 [J]. 经济管理, 2009 (5): 48 – 55.

[110] 曹锦周. 转型期民航产业组织分析框架创新——中国民航业的经验检验 [J]. 上海经济研究, 2009 (8): 24 – 32.

[111] 曹梓珞,陈松豪. 中国民航业政府规制体制重建 [J]. 广西财经学院学报, 2008 (6): 32-35.

[112] 陈惠. 基于DEA方法的中国民航运输业效率研究 [D]. 合肥工业大学博士学位论文, 2010.

[113] 陈学云. 中国航空运输服务业规制与竞争研究 [D]. 南京航空航天大学博士学位论文, 2009.

[114] 丹尼尔·史普博. 管制与市场 [M]. 上海: 上海三联出版社, 1999.

[115] 邓戬. 关于中国民航产业市场结构的选择 [J]. 价格理论与实践, 2003 (7): 9-20.

[116] 丁春雨. 美国反托拉斯法对我国民航运输市场监管的启示 [J]. 中国民用航空, 2003 (6): 7-11.

[117] 杜立民. 电力竞争与我国电力市场化改革 [M]. 杭州: 浙江大学出版社, 2010.

[118] 付煌. 我国民航业市场化改革研究——美国放松航空管制带来的启示 [D]. 对外经济贸易大学博士学位论文, 2006.

[119] 干春晖,吴一平. 规制分权化、组织合谋与制度效率——基于中国电力行业的实证研究 [J]. 中国工业经济, 2006 (4): 23-28.

[120] 胡瑞娟. 中国民航运输市场结构与竞争绩效的实证研究 [D]. 对外经济贸易大学博士学位论文, 2005.

[121] 黄清. 电力行业放松规制改革政策效果的实证研究——基于发电侧数据的双重差分模型检验 [J]. 山西财经大学学报, 2009 (1): 49-56.

[122] 江可申,李文绅. 从美国航空市场的发展看市场竞争形态的演变 [J]. 世界经济研究, 2000 (4): 59-63.

[123] 姜洋. 论中国民航业的市场化改革 [D]. 四川大学博士学位论文, 2007.

[124] 堪夏. 中国民航业的产业组织研究 [D]. 武汉大学博士学位论

文，2004．

［125］康自平，杜伟．民航客运价格规制改革研究［M］．北京：科学出版社，2008．

［126］李冠楠．中国民航运输业市场结构动态演进与产业政策选择［D］．南京航空航天大学博士学位论文，2008．

［127］李世新，于左．垄断产业放松进入规制后的博弈与效率分析［J］．山西财经大学学报，2010（6）：59－64．

［128］李炎谛．试论中国航空产业的规制改革［D］．西南财经大学博士学位论文，2007．

［129］连海霞．论中国民航业的放松管制与再管制［J］．经济评论，2003（3）：122－127．

［130］廖刚．中国航空运输业市场化改革和竞争研究［D］．上海交通大学博士学位论文，2007．

［131］林献勇．中国民航业规制改革研究［D］．辽宁大学博士学位论文，2007．

［132］刘灿，张树民，宋光辉．我国自然垄断行业改革研究：管制与放松管制的理论与实践［M］．成都：西南财经大学出版社，2005．

［133］刘蔚．我国网络型基础产业改革的绩效分析——以电信、电力产业为例［J］．工业技术经济，2006（8）：80－82．

［134］刘艳华，卢鹏．中国电信产业规制效果的实证研究［J］．东北财经大学学报，2008（1）：44－48．

［135］楼旭明，窦彩兰，汪贵浦．基于DEA的中国电力改革绩效相对有效性评价［J］．当代财经，2006（4）：90－93．

［136］路荣．我国民用航空运输业政府管制改革研究［D］．西北工业大学博士学位论文，2007．

［137］马莉．民航业市场结构及竞争分析［J］．学海，2004（4）：136－140．

[138] 马甜. 中国电力产业市场化改革效果的实证研究 [J]. 兰州学刊, 2009 (6): 83-86.

[139] 马源平, 张磊. 一个典型案例: 民航客运价格变迁的实证分析和反思 [J]. 贵州财经学院学报, 2002 (1): 45-48.

[140] 潘元生. 适度垄断分层竞争——中国航空运输业的战略选择 [J]. 中国民用航空, 2002 (1): 36-38.

[141] 戚聿东. 我国自然垄断产业分拆式改革的误区分析及其出路 [J]. 管理世界, 2002 (2): 74-80, 94.

[142] 钱春芳, 唐要家. 中国民航业价格规制市场竞争度测算 [J]. 价格月刊, 2010 (8): 34-37.

[143] 乔治·J. 施蒂格勒. 产业组织和政府管制 [M]. 上海: 上海人民出版社, 1996.

[144] 秦占欣, 石磊. 世界民航业的发展趋势与中国民航的战略选择 [J]. 管理世界, 2004 (3): 137-138.

[145] 秦占欣. 航空运输业的自由化: 动因、趋势、对策 [J]. 南京航空航天大学学报 (社会科学版), 2003 (4): 44-49.

[146] 秦占欣. 民航运输业的网络经济性与政府管制变迁 [J]. 西南交通大学学报 (社会科学版), 2004 (2): 46-49.

[147] 曲镇涛, 杨恺钧. 规制经济学 [M]. 上海: 复旦大学出版社, 2006.

[148] 屈改柳. 深化我国民航运输业价格管制改革的研究 [D]. 西南财经大学博士学位论文, 2006.

[149] 石良平, 刘小倩. 中国电力行业规制效果实证分析 [J]. 财经研究, 2007 (7): 134-143.

[150] 苏延芳, 肖兴志. 反事实研究: 放松规制与中国航空网络的演变 [J]. 财经研究, 2006 (3): 103-113.

[151] 孙华程, 周蓓. 我国民航企业机票成本结构与价格机制分析

[J]．宁波大学学报，2004（3）：103－107．

［152］孙宽平．转轨、规制与制度选择［M］．北京：社会科学文献出版社，2004．

［153］孙泽生，顾卫平，王淑红．印度民航改革历程及启示［J］．国际航空，2004（3）：35－36．

［154］谭忠富，李韩房，侯勇．我国电力产业运行绩效的 SCP 理论分析［J］．华东电力，2008（7）：5－9．

［155］唐要家．中国垄断行业促进竞争政策研究［J］．中国地质大学学报（社会科学版），2009（4）：69－73．

［156］唐要家．中国自然垄断行业规制效果的实证分析［M］．沈阳：辽宁大学出版社，2004．

［157］汪静农．放松管制后的航空运输业竞争行为研究［D］．上海：复旦大学博士学位论文，2005．

［158］王长坤．从自然垄断理论的发展看航空运价改革［J］．综合运输，2005（2）：38－40．

［159］王德英．我国电力行业市场化改革效果的实证研究——基于 SCP 视角［D］．吉林大学博士学位论文，2007．

［160］王俊豪．管制经济学原理［M］．北京：高等教育出版社，2007．

［161］王俊豪．中国垄断性产业现行管制机构的问题与制度缺损［J］．财经问题研究，2008（7）：32－37．

［162］王萍，王靖．中国民航业管制效果的实证分析［J］．财经问题研究，2008（3）：30－35．

［163］王晓华．中国民航产业规制改革研究［D］．厦门大学博士学位论文，2007．

［164］王艳．对我国民航业价格管制的反思［J］．消费经济，2005（3）：23－26．

［165］王银光．中国银行业改革绩效研究［J］．南方金融，2007

(10): 25 – 27.

[166] 王勇, 姜洋. 中国民航运输业市场化改革变迁的实证研究 [J]. 经济问题, 2009 (8): 23 – 25.

[167] 王志永. 我国航空运输业分类管制政策研究（上）[J]. 中国民用航空, 2005 (50): 51 – 52.

[168] 王志永. 我国航空运输业分类管制政策研究（中）[J]. 中国民用航空, 2005 (51): 29 – 32.

[169] 王志永. 我国航空运输业分类管制政策研究（下）[J]. 中国民用航空, 2005 (52): 51 – 54.

[170] 王志永. 中国民航市场结构重组、分类管制与协调政策研究 [M]. 北京: 中国民航出版社, 2006.

[171] 卫红. 民航出路——中国航空公司战略性重组模式设想及利弊 [J]. 国际航空, 2009 (1): 28 – 29.

[172] 小贾尔斯·伯吉斯. 管制和反垄断经济学 [M]. 上海: 上海财经大学出版社, 2003.

[173] 肖俊极, 唐昕. 中国民航业价格竞争实证分析 [J]. 南开经济研究, 2009 (2): 80 – 90.

[174] 肖兴志, 陈长石. 我国垄断行业规制效果评价体系探讨 [J]. 财政研究, 2008 (12): 18 – 21.

[175] 肖兴志, 齐鹰飞, 郭晓丹等. 中国垄断产业规制效果的实证研究 [M]. 北京: 中国社会科学出版社, 2010.

[176] 肖兴志, 齐鹰飞, 李红娟. 中国煤矿安全规制效果实证研究 [J]. 中国工业经济, 2008 (5): 67 – 76.

[177] 肖兴志, 孙阳. 规制影响评价的理论、方法与应用 [J]. 经济管理, 2007 (6): 86 – 91.

[178] 肖兴志, 孙阳. 中国电力产业规制效果的实证研究 [J]. 中国工业经济, 2006 (9): 38 – 45.

［179］肖兴志，王靖．中国电信产业规制效果的实证研究［J］．财经论丛，2008（3）：8-14．

［180］肖兴志．对中国电价规制效果的一种检验［J］．统计研究，2005（9）．

［181］谢泗薪，李荣，都业富．天空开放下管制放松与中国民航制度创新的博弈分析［J］．南开经济研究，2005（3）：55-61．

［182］杨春妮．航空运输业市场化改革的国际比较——美欧的经验与对我国的启示［J］．东北大学学报，2005（9）：35-38．

［183］杨春妮．我国民航业竞争格局和运行效率研究［J］．当代财经，2005（6）：91-96．

［184］杨建文．政府规制经济学［M］．上海：学林出版社，2007．

［185］杨秀云，冯根福．中国民航业市场结构的特征及其有效性分析［J］．经济学家，2004（6）：69-76．

［186］叶康涛．垄断限价、代理商进入与社会福利——兼评中国民航市场价格维持政策［J］．中央财经大学学报，2002（7）：42-47．

［187］于良春，马甜．中国电力产业的经济绩效分析［J］．理论学刊，2006（2）：34-37，128．

［188］于良春，田蕾．自然垄断产业进入规制成本与相关政策分析［J］．经济与管理研究，2005（11）：31-35．

［189］于良春，杨淑云，于华阳．中国电力产业规制改革及其绩效的实证分析［J］．经济与管理研究，2006（10）：35-40．

［190］于良春，姚丽．中国民航产业的规模经济效益及相关产业组织政策分析［J］．产业经济研究，2006（2）：18-24．

［191］于良春，于华阳．自然垄断产业垄断的自然性探析［J］．中国工业经济，2004（11）：32-39．

［192］余晖．谁来管制管制者［M］．广州：广东经济出版社，2004．

［193］袁富华．中国民航业的产权问题和价格管理［J］．价格和市场，

2001（8）：16-18.

［194］袁力，王培．从价格的演变历程浅析国内民航运输价格改革［J］．成都大学学报（自然科学版），2007（3）：83-86.

［195］张帆．模拟竞争市场的建立和生长——中国民用航空运输业的管制改革和市场竞争［J］．浙江社会科学，1998（4）：15-25.

［196］张慧．模拟竞争市场价格管制——民航业从禁折到联营的案例分析［J］．价格理论与实践，2000（8）：22-24.

［197］张亮．中国电力产业规制改革及其绩效的实证研究［D］．西南财经大学博士学位论文，2009.

［198］张伟．从管制和放松管制看美国航空产业组织政策的演变［J］．综合运输，1998（10）：30-33.

［199］张昕竹．中国规制与竞争：理论和政策［M］．北京：社会科学文献出版社，2000.

［200］赵会茹，李春杰，李泓泽．电力产业管制与竞争的经济学分析［M］．北京：中国电力出版社，2007.

［201］赵玮萍．中国民航业放松管制改革效果的实证分析［J］．中南财经政法大学学报，2010（3）：81-86.

［202］植草益．微观规制经济学［M］．朱绍文译．北京：中国发展出版社，1992.

［203］周蓓．我国民航客运价格规制的绩效评价与改革思路探讨［J］．特区经济，2010（1）：121-123.

［204］周国锉．从英航看中国民航发展趋势［J］．中国民用航空，2003（9）：9-14.

［205］周江军．中国民航运输业发展的制约因素分析［J］．山东科技大学学报（社会科学版），2003（4）：92-94.

［206］周娜．航空运输产业的垄断性特征与规制改革——基于航空业务属性的视角［J］．中外企业家，2010（4）：27-29.

［207］周赛美. 市场化改革条件下中国发电业效率分析［D］. 中南大学博士学位论文，2008.

［208］周小梅，王俊豪. 论自然垄断产业有效竞争的若干问题——兼与彭武元、方齐元先生商榷［J］. 华中科技大学学报（社会科学版），2005(3)：55–59.